Astrid Barth-Petry

Netzwerk Hausarzt?

Ein Modell zur Sicherstellung der regionalen hausärztlichen Versorgung

University of Applied Sciences
APOLLON
University Press

APOLLON Schriftenreihe zur Gesundheitswirtschaft

Band 4

Astrid Barth-Petry

Netzwerk Hausarzt?

Ein Modell zur Sicherstellung der regionalen hausärztlichen Versorgung

APOLLON SCHRIFTENREIHE ZUR GESUNDHEITSWIRTSCHAFT

University of Applied Sciences
APOLLON
University Press

Über die Autorin

Astrid Barth-Petry (geb. 1964) ist selbstständige Beraterin und Fachreferentin im Bereich der ambulanten Versorgung. Als examinierte Krankenschwester verfügt sie über mehrjährige Erfahrung sowohl im stationären Klinikbereich als auch in der stationären Altenpflege. Nach einer Weiterbildung zur Lehrkraft für Alten- und Krankenpflege absolvierte sie die Fortbildung zur Case Managerin (DGCC) mit dem Schwerpunkt „ambulante Versorgung". Es folgte das Studium der Gesundheitsökonomie (B. A.) an der APOLLON Hochschule der Gesundheitswirtschaft, das sie 2012 erfolgreich abschloss. Bereits im Laufe ihrer Weiterbildungen wurde Astrid Barth-Petry für die Schlüsselstellung der hausärztlichen Versorgung in der ambulanten Versorgung sensibilisiert. Ihre praktischen Erfahrungen sowie die wissenschaftliche Auseinandersetzung mit dieser vielschichtigen Problematik im Rahmen ihres Studiums mündeten in der vorliegenden Arbeit.

Die vorliegende Arbeit entstand als Bachelorthesis an der APOLLON Hochschule der Gesundheitswirtschaft.

Herausgegeben vom Präsidium der APOLLON Hochschule der Gesundheitswirtschaft

1. Auflage 2012

Bibliografische Information der Deutschen Nationalbibliothek
Die Deutschen Nationalbibliothek verzeichnet diese Publikation in der Deutschen Nationalbibliografie. Detaillierte bibliografische Daten sind abrufbar unter: http://dnb.d-nb.de

Lektorat: Corinna Dreyer, Bremen
Korrektorat: Imke Zimmermann, Bremen
Umschlaggestaltung und Layout: Ilka Lange, Hückelhoven; Coverbild: fotolia.com
Satz: abavo GmbH, Buchloe
Druck und Bindung: Books on Demand, Norderstedt
Printed in Germany
ISBN: 978-3-943001-06-8

http://www.apollon-hochschulverlag.de/

Inhaltsverzeichnis

Vorwort

Das System der ärztlichen Notfallversorgung in ländlichen Regionen Deutschlands steht vor dem Kollaps. Der demografische Wandel und die oft starren, vom Wahlkampf der unterschiedlichen Parteien geprägten Strukturvorgaben zeigen ihre Wirkung. Patienten bangen um die flächendeckende wohnortnahe ambulante medizinische Versorgung. Seit Jahren wird in Deutschland händeringend nach tragfähigen Zukunftskonzepten gesucht, bislang leider ohne durchschlagenden Erfolg.

Können hier regionale integrierte Versorgungsformen als Vorreiter zur Lösung einer drohenden Mangel- bzw. Fehlversorgung durch optimiertes Kommunikations- und Prozessmanagement zwischen Stadt und Land dienen?

Netzstrukturen gewinnen im deutschen Gesundheitswesen seit Ende der 1990er-Jahre zunehmend an Bedeutung. Deutschlandweit haben sich im Laufe der letzten Jahre zahlreiche niedergelassene Vertragsärzte zu Praxis- bzw. Ärztenetzen, Praxisverbünden oder medizinischen Qualitätsgemeinschaften zusammengeschlossen, um die Versorgung der Patienten weiter zu verbessern und Behandlungsabläufe aus ökonomischer Sicht bestmöglich zu koordinieren. Praxisnetze bieten also dem Anschein nach die Möglichkeit, die Unwirtschaftlichkeiten und Schwächen der Versorgungsqualität in der ambulanten Versorgung zu reduzieren. Derartige Zusammenschlüsse sind aber nicht ausschließlich Ärzten vorbehalten. Auch andere Einrichtungen, wie Rettungsleitstellen, Krankenhäuser, Apotheken oder Pflegedienste, können sich zu kooperierenden Systemen zusammenschließen.

Die vorliegende Arbeit ermöglicht dem Leser aus Sicht der GO IN Integrationsmanagement- und Beteiligungs-GmbH im Gesundheitswesen, der Managementgesellschaft des Praxisnetzes GO IN e. V., einen detaillierten Überblick über den Status quo in Deutschland am Beispiel der untersuchten Gesundheitsregion IngolStadtLandPlus. Sie liefert zahlreiche Ansatzpunkte für Kooperations- und Versorgungsformen, die nicht nur in Bayern, sondern auch in der ganzen Republik umgesetzt werden können.

MHBA, Dipl.-Kfm. Thomas Oppel
Geschäftsführer der GO IN GmbH

Einleitung und Zielsetzung

„Notruf nach dem Landarzt" (Spiewak, 2010). Diese Pressemitteilung soll hier stellvertretend für zahlreiche unter dem Begriff „Ärztemangel" vorzufindende Veröffentlichungen stehen. Das Thema: Eine Berufsgruppe informiert die breite Öffentlichkeit über bestehende und zu erwartende Probleme, wie die drohende Unter- bzw. Nichtversorgung strukturarmer Regionen, die Schließung von Praxen in Ermangelung von Nachfolgern oder das Auswandern von Ärzten in europäische Nachbarländer. Dies stellt ein Schreckensszenario für den einzelnen Bürger und für den Staat dar, denn die ärztliche Versorgung ist für die gesamte Bevölkerung von hoher Bedeutung und Gesundheit bekanntermaßen das höchste Gut. Veröffentlichungen wie diese ziehen somit Kernfragen nach sich: „Wie stellt sich die Entwicklung der medizinischen Versorgung der Bevölkerung tatsächlich dar?" und „Ist diese gefährdet und wie können bereits im Voraus Maßnahmen zur Vermeidung eingeleitet werden?" Mit dieser Thematik, den beeinflussenden Faktoren und möglichen Lösungsansätzen haben sich bereits zahlreiche Experten beschäftigt. So beschränken sich die verschiedenen Verbände von Ärzten und Krankenkassen auch auf Bundesebene nicht mehr nur auf Veröffentlichungen, sondern es finden inzwischen auch erste Maßnahmen zur Versorgungssicherung Anwendung. So veröffentlichte beispielsweise der Bayerische Hausärzteverband im Sommer dieses Jahres einen Leitantrag unter dem Betreff „Hausärzte nah am Menschen – unverzichtbar für Stadt und Land" (Bayerischer Hausärzteverband, 2011, S. 3).

Auch eines der größten Ärztenetze in Deutschland stellt sich dieser Thematik: Dem Praxisnetz „GO IN Integrationsmanagement- und Beteiligungs-GmbH im Gesundheitswesen" (nachfolgend gemäß der offiziellen Kurzform GO IN genannt) gehören rund 280 Fach- und 200 Hausärzte der Stadt Ingolstadt sowie der umliegenden Landkreise Pfaffenhofen-Schrobenhausen, Neuburg und Eichstätt an (vgl. GO IN, o. J.). Im Ärztenetz wird dieses Gebiet als „Region IngolStadtLandPlus" bezeichnet, die dem Wirtschaftsraum Region 10[1] entspricht. Nicht nur für die Stadt Ingolstadt, die 2010 den zweiten

1 Eine Karte der Region IngolStadtLandPlus bzw. der Region 10 ist im Anhang II beigefügt.

Platz im Gesamtergebnis des deutschen Städterankings[2] belegte (vgl. IW Consult, 2010, S. 8), sondern auch für die Region, die zu einer der stärksten wirtschaftlichen Wachstumsregionen in Europa zählt (vgl. Beecken; Preissner, 2010, S. 124 ff.), ist die Sicherung der ärztlichen Versorgung von großer Bedeutung. Da im Gebiet des Ärztenetzes sowohl ländliche als auch städtische Strukturen zu finden sind, ist die Problematik einer zukünftigen ländlichen Unterversorgung durchaus gegeben. Die den Bedarf beeinflussenden Faktoren wirken auch in der Region Ingolstadt, wo sowohl eine Unterversorgung als auch eine Überversorgung vermieden und die Attraktivität der hausärztlichen Tätigkeit gefördert werden soll. Da Gesundheitsregionen insgesamt an Bedeutung gewinnen, möchte das dortige Ärztenetz dieser Entwicklung mit seinem frühzeitigen Engagement für eine Versorgungssicherung durch präventive Strategien und Maßnahmen Rechnung tragen. Denn „regionale Gesundheitsnetzwerke [...] tragen wesentlich dazu bei, die wohnortnahe medizinische Versorgung auf hohem Niveau auch für die Zukunft zu erhalten" (Bayerisches Staatsministerium für Umwelt und Gesundheit, 2012).

Die Zielsetzung der vorliegenden Arbeit besteht darin, am Beispiel der Gesundheitsregion IngolStadtLandPlus ein Konzept zu erarbeiten, das die hausärztliche Versorgung der nächsten 20 Jahre sicherstellen kann. Unter Hinzuziehung beeinflussender Faktoren wird dazu eine umfangreiche Ist-Analyse erstellt, um konkrete strategische Handlungsansätze abzuleiten. Da es sich um einen längeren Betrachtungszeitraum handelt, ist auf eine Nachhaltigkeit der Lösungsansätze zu achten. Die Thematik soll unter Betrachtung der nachfolgenden wissenschaftlichen Fragestellung bearbeitet werden:

Wie können notwendige Strategien zur Sicherstellung der hausärztlichen Versorgung einer Region in einem innovativen Pilotprojekt umgesetzt werden?

Um die Fragestellung umfänglich zu untersuchen, wurden ergänzend leitfadengestützte Interviews mit sechs ausgewählten Experten geführt, die sowohl als regionale bzw. überregionale Verbandsfunktionäre als auch als niedergelassene Hausärzte in der Region tätig sind (vgl. Kap. 2.3.2). Die Auswertung der Interviews, die Literaturanalyse sowie regionsspezifische Berechnungen bilden die Basis der folgenden Lösungsansätze.

2 Standortvergleich innerhalb Deutschlands zu regionalem Wohlstand und wirtschaftlicher Dynamik.

Zum Buch stehen Ihnen bei Interesse ergänzende Materialien im Downloadbereich der APOLLON University Press (www.apollon-hochschulverlag.de/band4dcpba) oder über folgenden QR-Code zur Verügung:

1 Theoretische Grundlagen

Verschiedene Begrifflichkeiten sind für die inhaltliche Bearbeitung des Themas von besonderer Bedeutung. Darunter die betrachtete Region als wesentliche Bezugsgröße der Arbeit, die eingangs mit ihren geografischen und wirtschaftlichen Besonderheiten vorgestellt wird. Im Anschluss daran werden die Begriffe „Hausarzt" und „vertragsärztliche Bedarfsplanung" konkretisiert. Die Darstellung des genutzten Materials und der angewandten Methodik runden die theoretischen Grundlagen ab.

1.1 Untersuchungsraum

Das ausgewählte Untersuchungsgebiet liegt geografisch gesehen zentral im Bundesland Bayern (vgl. Abb. 1.1).

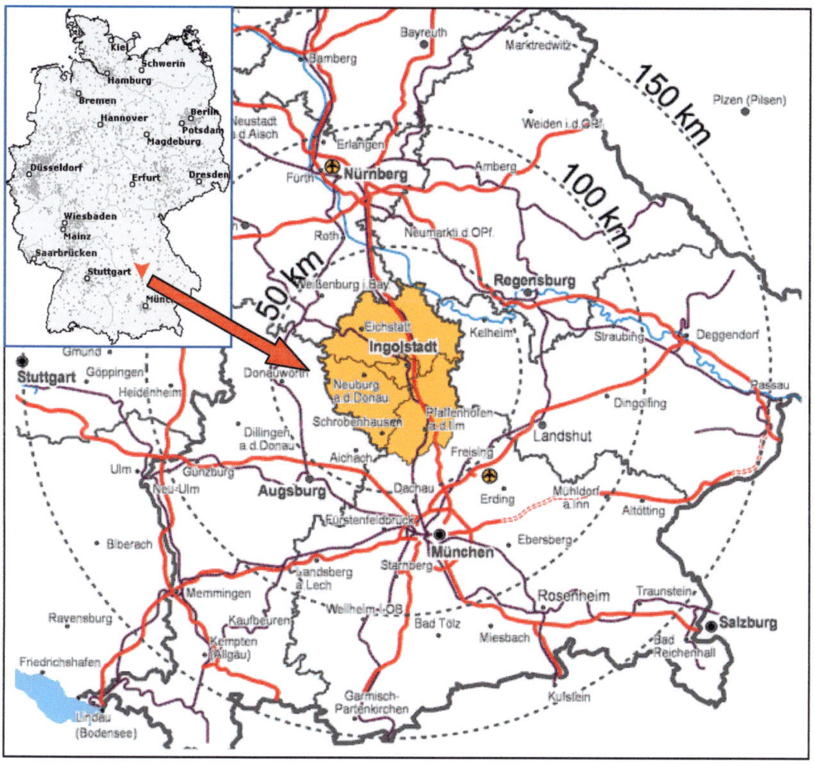

Abb. 1.1: Lage Ingolstadt in Deutschland und Regionalplan IngolStadtLandPlus (Baum, 2011; Planungsverband Region Ingolstadt, 2011)

Die Region 10 ist ein wirtschaftlicher Verbund der kreisfreien Stadt Ingolstadt und der Landkreise Eichstätt, Neuburg-Schrobenhausen und Pfaffenhofen a. d. Ilm. Sie ist eine der 18 Planungsregionen in Bayern (vgl. Planungsverband Region Ingolstadt, 2011). Dieser geografische Raum entspricht dem Zuständigkeitsbereich des Ärztenetzes GO IN, er wird in diesem Zusammenhang (und ebenso in der weiteren schriftlichen Ausführung) als Region IngolStadtLandPlus bezeichnet, was auch der gleichnamigen wirtschaftlichen Interessensgemeinschaft entspricht. Die Fläche des Untersuchungsraumes umfasst 2.848 km² und ist damit größer als die Fläche des Saarlandes (2.570 km²). Die Einwohnerzahl liegt über 458.000, was fast der Einwohnerzahl der Stadt Nürnberg (501.615) entspricht (vgl. Pfannes, 2010, S. 3). Aus wirtschaftlicher Sicht wird die Stadt Ingolstadt in einem Ranking der Standortberatungsfirma Contor aufgrund der wachsenden Bevölkerung, dem hochgradigen Beschäftigungsstand und der hohen Produktivität an dritter Stelle unter den Top 25 der europäischen Regionen genannt (vgl. Beecken; Preissner, 2010, S. 126). Die Arbeitslosigkeit lag Ende des Jahres 2010 bei 2,9 % (vgl. Stadt Ingolstadt, 2011a, S. 67). Zum Vergleich betrug die bundesweite jahresdurchschnittliche Arbeitslosenquote im Jahr 2010 7,7 % (vgl. Bundesagentur für Arbeit, 2011, S. 20). Ingolstadt bietet ebenso wie die umliegenden Kreisstädte eine sehr gute bildungspolitische und kulturelle Infrastruktur. Die bestehenden Verkehrsanbindungen stellen eine Nähe zu Städten wie Nürnberg und München, aber auch zu abwechslungsreichen Freizeitregionen wie den Alpen her, was die Region zu einem attraktiven Wirtschafts- und Lebensraum macht. In dem Gebiet IngolStadtLandPlus werden 2010 insgesamt 290 niedergelassene Ärzte als Hausärzte bei der Kassenärztlichen Vereinigung Bayern (KVB) geführt.

1.2 Begriffsdefinitionen

Der Begriff „Hausarzt“ ist eine oftmals unreflektiert genutzte Bezeichnung für einen niedergelassenen Arzt. Dieser Umstand erfordert eine genauere Betrachtung des Ausdrucks. Des Weiteren wird nachfolgend auf den Begriff der „vertragsärztlichen Bedarfsplanung“ eingegangen.

1.2.1 Hausarzt

Unter der Bezeichnung Hausarzt werden verschiedene Fachgruppen subsummiert. Die KBV fasst nach dem Bundesarztregister unter dieser Gruppierung Ärzte für Allgemeinmedizin, hausärztlich tätige Internisten ohne Schwerpunktbezeichnung, Kinderärzte und praktische Ärzte sowie Ärzte, die am 31. Dezember 2000 an der hausärztlichen Versorgung teilgenommen haben, zusammen (vgl. KBV, o. J.). Diese Aufzählung entspricht auch den laut § 73 Abs. 1 a des fünften Sozialgesetzbuches (SGB V) an der hausärztlichen Versorgung teilnehmenden Medizinern. Des Weiteren erläutert § 73 Abs. 1 SGB V den Umfang der hausärztlichen Versorgung:

> *„Die hausärztliche Versorgung beinhaltet insbesondere die allgemeine und fortgesetzte ärztliche Betreuung eines Patienten in Diagnostik und Therapie bei Kenntnis seines häuslichen und familiären Umfeldes; Behandlungsmethoden, Arznei- und Heilmittel der besonderen Therapierichtungen sind nicht ausgeschlossen, die Koordination diagnostischer, therapeutischer und pflegerischer Maßnahmen, die Dokumentation, insbesondere Zusammenführung, Bewertung und Aufbewahrung der wesentlichen Behandlungsdaten, Befunde und Berichte aus der ambulanten und stationären Versorgung, die Einleitung oder Durchführung präventiver und rehabilitativer Maßnahmen sowie die Integration nichtärztlicher Hilfen und flankierender Dienste in die Behandlungsmaßnahmen.“ (BMJ, 2011)*

Sofern ein niedergelassener Arzt an der hausarztzentrierten Versorgung teilnimmt, müssen die im § 73 b Abs. 2 SGB V beschriebenen zusätzlichen Anforderungen, z. B. die Teilnahme an Qualitätszirkeln, erfüllt werden (vgl. ebd.).

1.2.2 Vertragsärztliche Bedarfsplanung

Die Bestimmung des vertragsärztlichen Bedarfs basiert im Wesentlichen auf den gesetzlichen Bestimmungen des § 99 SGB V (Bedarfsplan) und des § 101 SGB V (Überversorgung) (vgl. BMJ, 2011). Auf dieser Grundlage ist die zurzeit geltende „Richtlinie des Gemeinsamen Bundesausschusses über die Bedarfsplanung sowie die Maßstäbe zur Festlegung von Überversorgung und Unterversorgung in der vertragsärztlichen Versorgung“ im Jahr 2007 erstellt worden und im August 2011 in der überarbeiteten Version in Kraft getreten. Zur Berechnung des vertragsärztlichen Bedarfs wird eine Region nach dem Bundesamt für Bauwesen und Raumvermessung ihrer Planungskategorie zugeteilt. Es erfolgt eine weitere Zuordnung nach der Bevölkerungsdichte. Für jede Arztgruppe bestehen spezifische Verhältniszahlen, die in der Berechnung Anwendung finden. Der so errechnete Bedarf an Ärzten entspricht dem Versorgungsgrad von 100 % (vgl. Gemeinsamer Bundesausschuss, 2011, S. 15 ff.). Falls bestimmte, in der Richtlinie beschriebene Bedingungen auftreten, erfolgt eine Modifikation der Verhältniszahlen durch den demografischen Korrekturfaktor. Der Demografiefaktor ergibt sich aus den allgemeinen und den regionalen Altersfaktoren sowie dem altersabhängigen Leistungsbedarfsfaktor. Durch die Berücksichtigung des demografischen Faktors kann der Versorgungsgrad einer Region nach unten korrigiert werden. Die Planung der Versorgung wird so dem tatsächlichen altersbedingten Mehrbedarf an ärztlicher Leistung angepasst (vgl. ebd.).

Überversorgung besteht, wenn der bedarfsgerechte Versorgungsgrad um zehn oder mehr Prozent überschritten wird, d. h. 110 % und mehr beträgt (vgl. AOK-Bundesverband, o. J.).

Im Gegensatz dazu wird die Unterversorgung in der Bedarfsplanungsrichtlinie im § 29 folgendermaßen definiert:

> *„Das Vorliegen einer Unterversorgung ist zu vermuten, wenn der Stand der hausärztlichen Versorgung den in den Planungsblättern ausgewiesenen Bedarf um mehr als 25 v. H. und der Stand der fachärztlichen Versorgung den ausgewiesenen Bedarf um (Stand: 19. April 2007 – RL wie Veröff. BAnz 31.03.; Deckblatt gem. Vorlage Dr. Pfenning 43) mehr als 50 v. H. unterschreitet. Eine Unterversorgung droht, wenn insbesondere aufgrund der Altersstruktur der Ärzte eine Verminderung der Zahl von Vertragsärzten in einem Umfang zu erwarten ist, der zum Eintritt einer Unterversorgung nach den in Satz 1 genannten Kriterien führen würde.“ (Gemeinsamer Bundesausschuss, 2011, S. 42 f.)*

1.3 Material und Methode

Zur Bearbeitung der gestellten Forschungsfrage wurden sowohl die Methode der Literaturanalyse als auch leitfadengestützte Experteninterviews gewählt.

1.3.1 Literaturanalyse

Die systematische Recherche in dem sozialwissenschaftlichen Fachportal SOWIPORT sowie in den Datenbanken von Universitätsbibliotheken (OPAC) und Bund bildete die Grundlage für die weitere Selektion. In den Literaturverzeichnissen der primär ausgewählten Bücher konnten zusätzlich relevante Veröffentlichungen ausfindig gemacht werden. Die schließlich zur Bearbeitung herangezogenen wissenschaftlichen Publikationen können nach drei wesentlichen Themengebieten gegliedert werden:

- ärztliche Versorgung, Entwicklung und beeinflussende Faktoren
- Bedarf an ärztlicher Versorgung und deren Veränderung
- nationale und internationale interdisziplinäre Versorgungsstrukturen

Vornehmlich wurden wissenschaftliche Studien, Fach- und Lehrbücher, Fachvorträge sowie Aufsätze in Fachzeitschriften aus den Publikationsjahren 1991 bis 2011 verwendet. Veröffentlichungen der unterschiedlichen Ärztevertretungen und behördliche Informationen vonseiten des Bundes bzw. der Länder komplettierten die ausgewählte Literatur. Die Literaturrecherche wurde durch die Online-Recherche zu den Schlagwörtern Ärztemangel, Demografie, Versorgungsstrukturen und Gesundheit mithilfe von Suchmaschinen ergänzt. Hier musste eine Selektion des umfangreichen, teilweise interessengesteuerten Angebots erfolgen. Die statistischen Daten der Kassenärztlichen Vereinigung, der Region 10, des Freistaates Bayern, des Bundes und der Organisation für wirtschaftliche Zusammenarbeit und Entwicklung (OECD) dienten als Grundlage, auf der die Entwicklung des Bedarfs an medizinischer Versorgung ermittelt wurde.

Auch benachbarte, wissenschaftliche Disziplinen, wie die Soziologie und die Sozialpädagogik, haben sich mit der Versorgungsthematik befasst und Strukturen zur interdisziplinären Zusammenarbeit und Netzwerkbildung aufgebaut, so z. B. das Case Management (vgl. Döhner et al., 2002). Entsprechende Erkenntnisse wurden daher, sofern sie die wissenschaftliche Betrachtung der Fragestellung unterstützen, ebenfalls mit einbezogen.

1.3.2 Experteninterviews

Die Durchführung von Experteninterviews ergänzte die Ergebnisse der Sekundärforschung. Hierzu wurden sechs ausgewählte Verbandsfunktionäre befragt, die regional und teilweise auch überregional aktiv sind. Da sie gleichzeitig als Hausärzte in ihren eigenen Praxen tätig sind, verfügen sie über relevantes Wissen bezüglich der derzeitigen Ärztesituation, das für die Analyse wertvoll ist, und sind daher prädestiniert, für die Thematik befragt zu werden. Die Befragungen fanden im Zeitraum November bis Anfang Dezember 2011 statt.

Tabelle 1.1: Interviewpartner

Interviewpartner	Funktion
Thomas Oppel	Geschäftsführer der GO IN GmbH
Dr. Anton Böhm	Allgemeinarzt, Mitglied des Stadtrates Ingolstadt, Bezirksdelegierter des BHÄV-Bezirks Oberbayern
Dr. Willi Bräunlein	Allgemeinarzt, 1. Stellvertreter der GO IN GmbH
Dr. Thomas Lips	Allgemeinarzt, Bezirksdelegierter des BHÄV-Bezirks Oberbayern
Dr. Siegfried Jedamzik	Allgemeinarzt, 1. Vorsitzender der GO IN GmbH
Dr. Sigurd Eisenkeil	Allgemeinarzt, Vorsitzender vom ärztlichen Kreisverband Ingolstadt/Eichstätt

Die 45- bis 90-minütigen Interviews wurden im persönlichen Gespräch anhand eines zur Thematik erstellten Leitfadens durchgeführt (vgl. Anhang II). In den Interviews wurden hausarztspezifische und vor allem Bedingungen der regionalen Gesundheitsversorgung angesprochen. Die Auswertung der Interviews erfolgte in Anlehnung an die von Gläser und Laudel beschriebene qualitative Inhaltsanalyse von Interviews nach strategischen Handlungsansätzen (vgl. Gläser; Laudel, 2010). Nach dem ersten Interview als Preview wurde der Leitfaden für die weiteren fünf Interviews strukturell angepasst, da sich herausstellte, dass insbesondere die Thematik der unterstützenden Strukturen mehr und klarere Informationen benötigt.

Im Folgenden werden nun zunächst die Ergebnisse der literaturbasierten Ist-Analyse vorgestellt.

2 Ist-Analyse

Im internationalen Vergleich zählt Deutschland im Jahr 2009 mit 3,64 Ärzten auf 1.000 Einwohner zu den Ländern mit der höchsten Dichte ärztlicher Versorgung (vgl. OECD, 2011).

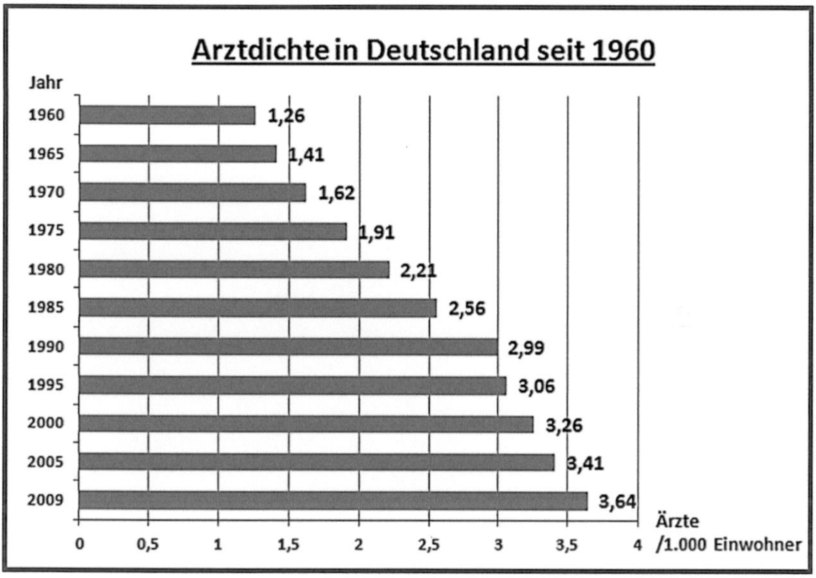

Abb. 2.1: Entwicklung der Arztdichte in Deutschland (Daten bis 1990: Klose; Uhlemann, 2006, S. 9; Daten ab 1995: OECD, 2011)

Wie die Abbildung 2.1 zeigt, hat sich die Arztdichte in Deutschland im Verlauf der letzten Jahrzehnte kontinuierlich erhöht. So versorgten im Jahr 1960 1,26 Ärzte 1.000 Einwohner (vgl. Klose; Uhlemann, 2006, S. 9). Die derzeit letzte statistisch veröffentlichte Zahl zur Arztdichte aus dem Jahr 2009 liegt bei 3,64 Ärzten auf 1.000 Einwohner (vgl. OECD, 2011). Nach einem starken Anstieg der Arztdichte in den ersten Jahrzehnten blieb diese in den letzten Jahren relativ konstant. Insgesamt hat sich seit 1960 im Zeitraum von 49 Jahren die Anzahl der berufstätigen Ärzte pro 1.000 Einwohner fast verdreifacht. Absolut nahmen im Jahr 2010 138.472 Ärzte an der vertragsärztlichen Versorgung der Bevölkerung Deutschlands teil (vgl. Gesundheitsberichterstattung des Bundes, 2011).

Bei Betrachtung der Versorgungssituation wird jedoch nicht nur auf die Arztdichte referiert, sondern auch zwischen fachärztlicher und hausärztlicher Versorgung differenziert. Die beiden Versorgungsgruppen sollen laut Bedarfsplanungs-Richtlinie in einem ausgeglichenen Verhältnis bereitgestellt werden. Hierfür wird eine Relation von 60 % hausärztlich tätiger Ärzte zu 40 % Fachärzten angestrebt (vgl. Gemeinsamer Bundesausschluss, 2011, S. 46). Dieses beabsichtigte Verhältnis wurde nur im Jahr 1991 erreicht und entwickelt sich seitdem kontinuierlich entgegen der gewünschten Relation (vgl. Abb. 2.2). So erreichte im Jahr 2009 die Gruppe der Hausärzte nur noch 47,6 %, während die Fachärzte bereits 52,4 % aller Vertragsärzte stellten (vgl. Kopetsch, 2010, S. 50).

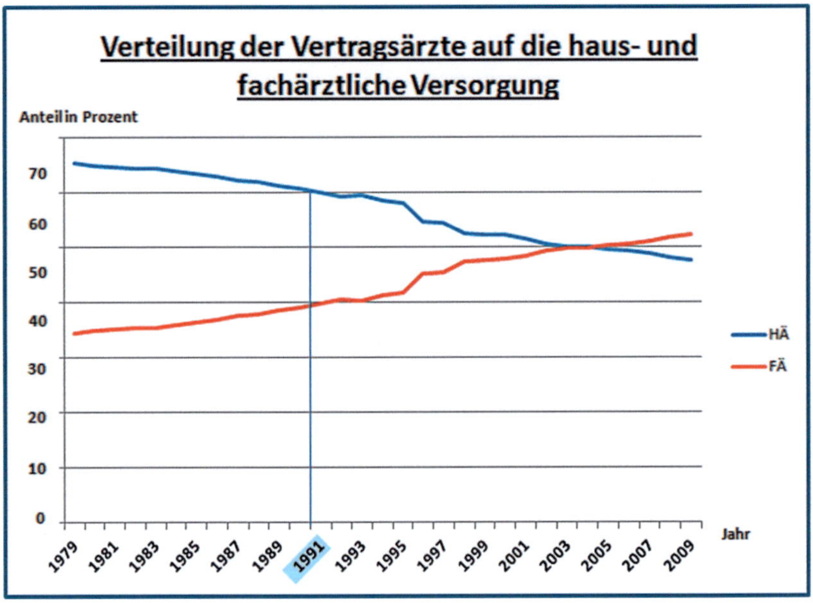

Abb. 2.2: Verteilung der Vertragsärzte auf die haus- und fachärztliche Versorgung (HÄ = Hausärzte; FÄ = Fachärzte) (Daten: Kopetsch, 2010, S. 50)

2.1 Hausärztliche Versorgung

Der steigenden Gesamtzahl an Ärzten steht somit ein Mangel an Hausärzten gegenüber. Der dargestellte rückläufige Anteil der Hausarztpraxen ist eine Auswirkung dieser Entwicklung und gefährdet langfristig die ärztliche Primärversorgung der Bevölkerung. Für dieses Paradoxon sind laut einer von der Bundesärztekammer erstellten Analyse im Wesentlichen vier Faktoren verantwortlich (vgl. Bundesärztekammer, o. J., S. 4):

- die Entwicklung des medizinischen Fortschritts
- der demografische Wandel mit seinen Folgen
- die Feminisierung der Medizin
- der Trend zur Arbeitszeitverkürzung

2.1.1 Bedarf an Hausärzten auf Bundesebene

Angesichts der oben beschriebenen Entwicklung stellt sich die Frage: Wie viele Hausärzte müssen in Zukunft für Deutschland zur Verfügung stehen? Die Kassenärztliche Vereinigung hat aus historischen Gründen einen Versorgungsauftrag. Dieser ist im fünften Sozialgesetzbuch insbesondere im ersten Titel des zweiten Abschnitts „Sicherstellung der vertragsärztlichen und vertragszahnärztlichen Versorgung" in den §§ 72–76 geregelt (vgl. BMJ, 2011). Quantität und Qualität der Versorgung stehen dabei in direktem Zusammenhang. Um den im Sozialgesetzbuch geforderten, anerkannten Stand der medizinischen Erkenntnisse in Qualität und Wirksamkeit zu entsprechen, gilt es nach § 2 Abs. 1 Satz 3 SGB V, einen Mindestbedarf an Ärzten zu decken (vgl. ebd.).

Die Grundlage zur Bestimmung des ärztlichen Bedarfs einer Region bildet § 2 Abs. 3 Satz 1 der Bedarfsplanungsrichtlinie des Gemeinsamen Bundesausschusses. Das gesamte Bundesgebiet ist auf Basis des Bundesamts für Bauwesen und Raumordnung in sogenannte Planungsbereiche eingeteilt, die zur Bedarfsplanung herangezogen werden. Hieraus ergibt sich eine Differenzierung der Planungsbereiche in kreisfreie Stadt, Landkreis und Kreisregion (vgl. Gemeinsamer Bundesausschuss, 2011, S. 6).

Der ärztliche Versorgungsgrad variiert dabei erheblich (vgl. Abb. 2.3). Es existiert sowohl eine Überversorgung von Regionen als auch eine bestehende bzw. drohende Unterversorgung. Überversorgung besteht insbesondere in großen Städten und strukturell attraktiven Gegenden wie Südbayern. Vor allem in ländlichen Regionen in Ostdeutschland, wie Sachsen-Anhalt und Brandenburg, können hingegen ausgewiesene kassenärztliche Arztstellen nicht besetzt werden. Diese sind folglich durch eine Unterversorgung gefährdet. Das trifft aber auch auf westliche Flächenländer wie Schleswig-Holstein zu (vgl. Klose; Rehbein, 2011, S. 14 ff.). Das Allokationsproblem stellt sich zuguns-

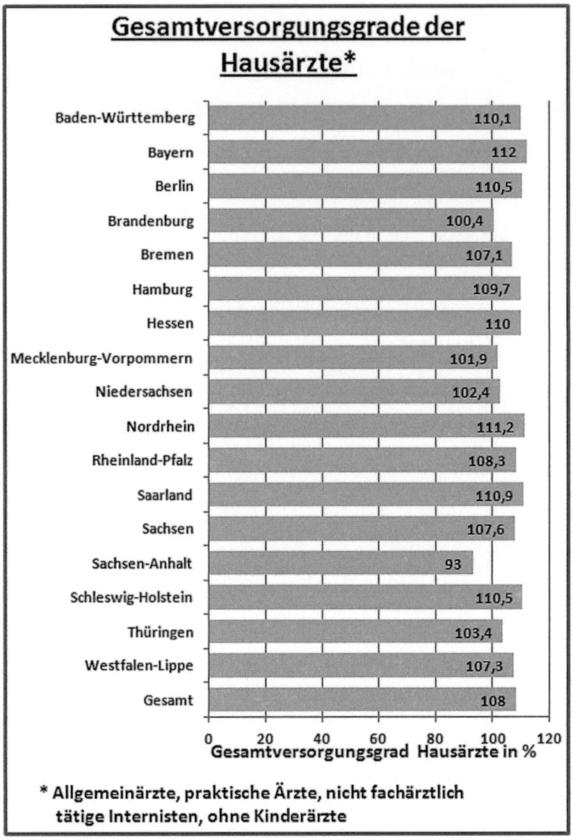

Abb. 2.3: Gesamtversorgung der Hausärzte nach Kassenärztlichen Vereinigungen 2010 (Klose; Rehbein, 2011, S. 12)

ten der westlichen und südlichen Bundesländer dar, bei gleichzeitigen Unterschieden in der Stadt-Land-Versorgung (vgl. Klose; Uhlemann, 2006, S. 10).

2.1.2 Bedarfsbeeinflussende Faktoren

Auf die vorliegenden Bedarfszahlen wirken multiple Faktoren ein und könnten so die erstellten Prognosen sowohl zum Positiven als auch Negativen verändern. Als ausschlaggebende Einflussfaktoren nennt Bausch die Entwicklung des medizinischen Fortschritts und den demografischen Wandel. Dabei ist nicht allein Deutschland mit dieser Problematik konfrontiert, sondern auch andere Industrieländer, wie die Vereinigten Staaten, sind davon betroffen (vgl. Bausch, 2010, S. 14).

Demografische Entwicklung

Die demografische Entwicklung der Bevölkerung zeigt einen deutlichen Trend in der Zunahme der älteren Bevölkerung. In der koordinierten Bevölkerungsvorausberechnung[1)] des Statistischen Bundesamtes Deutschlands wird für den Zeitraum von 2010 bis 2050 ein Rückgang der Gesamtbevölkerung von 81,5 Millionen auf 69,4 Millionen erwartet (vgl. Statistisches Bundesamt Deutschland, 2009c).

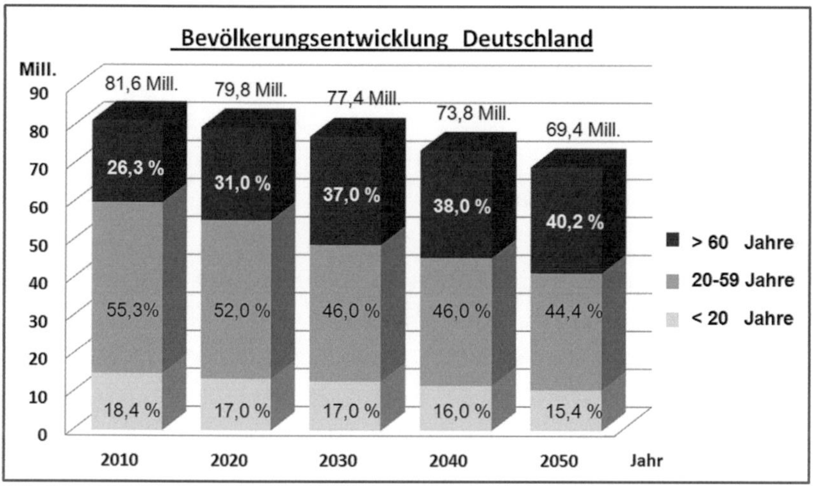

Abb. 2.4: Koordinierte Bevölkerungsvorausberechnung mit Veränderung der prozentualen Anteile der Altersgruppe (Daten: Statistisches Bundesamt Deutschland, 2009c)

Die Bevölkerung wird sich dabei, wie in Abbildung 2.4 dargestellt, auch in ihrer Zusammensetzung verändern. Während sich der Anteil der unter 20-Jährigen und der 20- bis 59-Jährigen langfristig reduziert, wächst der prozentuale Anteil der über 60-Jährigen beständig. Die Berechnung zeigt, dass die absoluten Zahlen der über 60-Jährigen in den nächsten Jahren kontinuierlich steigen werden. So wird erwartet, dass im Jahr 2020 24,5 Millionen (31,0 %) und 2030 28,5 Millionen (37,0 %) Menschen in Deutschland über 60 Jahre alt sein werden. Der vorausberechnete Peak liegt bei 28,6 Millionen Äl-

1 Zur koordinierten Bevölkerungsvorausberechnung wurde die Variante 1-W1 gewählt, die folgende Annahmen beinhaltet: Geburtenhäufigkeit annähernd konstant bei 1,4 Kindern je Frau; Lebenserwartung Neugeborener im Jahr 2060: 85,0 Jahre für Jungen, 89,2 Jahre für Mädchen; jährlicher Wanderungssaldo + 100.000 Personen (vgl. Statistisches Bundesamt Deutschland, 2009c).

teren ab dem Jahr 2031 und soll dann für drei Jahre anhalten. In den danach folgenden Jahren gehen die Berechnungen von einem leichten Rückgang der älteren Generation aus, was im Jahr 2040 einer Anzahl von 28,3 Millionen (38,0 %) und 2050 27,9 Millionen (40,2 %) über 60-Jährigen entsprechen würde (vgl. ebd.).

Je nach Zusammensetzung der Bevölkerung verändert sich der ärztliche Versorgungsbedarf. Während für die Gruppe der unter 20-Jährigen im Wesentlichen Kinderärzte bereitgestellt werden müssen, benötigen die anderen Altersgruppen sowohl haus- als auch fachärztliche Versorgung. Die Intensität der Nachfrage unterscheidet sich regional, geschlechtsspezifisch und steigt mit dem Lebensalter. Andersen und Schwarze (2003) begründen die regionalen Unterschiede in der Leistungsinanspruchnahme mit den ungleichen sozialen Voraussetzungen, verweisen dabei aber auch darauf, dass bei den regionalen Unterschieden zwischen den Krankheiten zu differenzieren ist (vgl. Andersen; Schwarze, 2003, S. 198 f.). Kopetsch setzt die Höhe der Leistungsausgaben der Krankenkassen in direkten Bezug zum Versorgungsaufwand. In einem Vergleich der Altersgruppen unter bzw. über 60 Jahren verweist er auf eine deutliche Steigerung der Ausgaben für Versicherte im Alter von 60 Jahren und älter und schließt daraus die unmittelbar folgende Steigerung der Nachfrage nach medizinischen Leistungen und der damit benötigten Anzahl an Ärzten (vgl. Kopetsch, 2010, S. 131 ff.). Insbesondere bei älteren Menschen tritt zudem die Problematik der Multimorbidität auf. Laut einer Prognose des Fritz Beske Instituts für Gesundheits-System-Forschung kommt es zu einer deutlichen Zunahme an bestimmten Erkrankungen bis zum Jahr 2050 (vgl. Beske et al., 2009, S. 10). Die Alterung der Gesellschaft führt somit zu einer Expansion der Erkrankungen (vgl. Abb. 2.5).

Die Anzahl der Erkrankungen wiederum hat aufgrund einer steigenden Anzahl an Arztkontakten direkte Auswirkungen auf den Ärztebedarf: Laut Sachverständigenrat nehmen die Arztbesuche mit dem Alter zu. Demnach kontaktieren über 65-Jährige im Durchschnitt sechsmal im Jahr ihren Hausarzt. Bei multimorbiden Patienten verdoppeln sich die Konsultationen auf zwölf Arztbesuche pro Jahr (vgl. SVR-Gesundheit, 2009, S. 100). Ein Anstieg der Lebenserwartung im Zuge des demografischen Wandels würde demgemäß nicht nur mit steigender Multimorbidität, sondern auch mit einem stei-

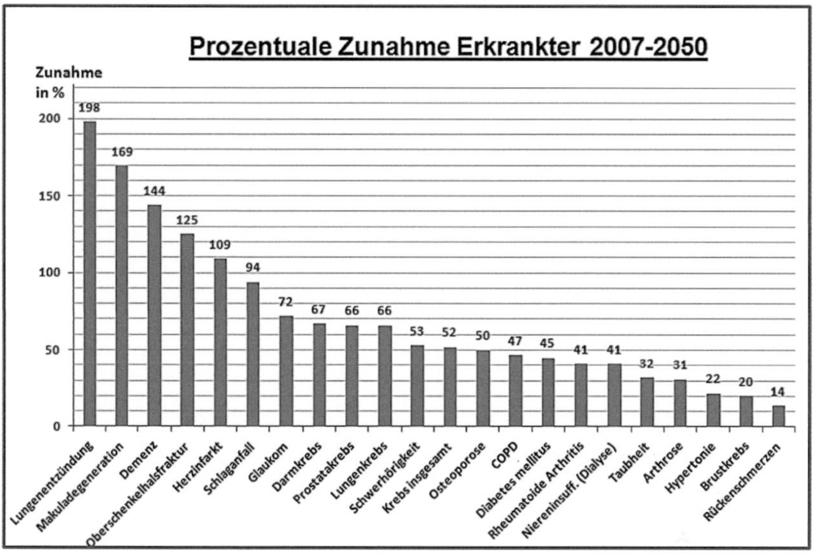

Abb. 2.5: Prozentuale Zunahme Erkrankter pro 100.000 Einwohner für 22 Krankheiten von 2007 bis 2050 (Beske et al., 2009, S. 10)

genden Ärztebedarf einhergehen. Kritiker dieser Morbiditäts-Expansionsthese verweisen darauf, dass die These für die unteren sozialen Schichten durchaus zutrifft, allerdings weniger für die mittleren und oberen Schichten. Bei Angehörigen dieser Schichten verschiebt sich die Multimorbidität verstärkt ins hohe Alter bzw. die letzten Lebensjahre, was dafür spricht, dass nicht mit einem exponentiellen Anstieg des Ärztebedarfs zu rechnen ist (vgl. Oberlander et al., 2010, S. 4).

Medizinischer Fortschritt

Der medizinische Fortschritt hat maßgeblichen Einfluss auf die gesundheitliche Versorgungsmöglichkeit einer Bevölkerung. Eine Klassifizierung des Begriffs „Medizinischer Fortschritt" wird von Weisbrod durchgeführt. Er differenziert zwischen Nontechnology[2)], Halfway Technology[3)] und High Technology[4)] (vgl.

2 Nontechnology-Fortschritt beinhaltet die Behandlung von akuten/chronischen Krankheiten, über die nur ein geringer medizinischer Wissensstand vorliegt, sodass ihr Verlauf i. d. R. nicht aufgehalten werden kann und sie relativ schnell tödlich enden, z. B. bestimmte Krebsarten (vgl. Kopetsch, 2001, S. 62).

3 Halfway-Technology-Fortschritt umfasst die symptomatische, aber nicht kausale Behandlung von Krankheiten. Dies trifft insbesondere auf chronische Erkrankungen zu. Symptome werden verbessert, Krankheitsverläufe verlangsamt und der Tod zeitlich hinausgeschoben, wie bei Diabetes mellitus oder AIDS (vgl. Kopetsch, 2001, S. 62 f.).

4 High-Technology-Fortschritt umfasst Behandlungsmethoden, die auf dem wissenschaftlichen Wissen um die Krankheitsursache und deren Verlauf basieren und eine vollständige Heilung bzw. Verhinderung der Erkrankung bewirken, z. B. eine Impfung (vgl. Kopetsch, 2001, S. 63).

Weisbrod, 1991, S. 533). Entsprechend dieser Kategorien variieren die angewendeten Maßnahmen, ihre Dauer und ihre Effekte. Der Einsatz von Nontechnology-Maßnahmen ist zeitlich begrenzt, da sie den Krankheitsverlauf bzw. das Eintreten des Todes nicht aufhalten, sondern nur eine Linderung der Beschwerden bewirken. Die zeitliche Begrenzung gilt auch für High-Technology-Behandlungen, die eine Erkrankung verhindern bzw. heilen. Die Behandlungsmöglichkeiten, die dem Halfway-Technology-Fortschritt zugeordnet werden, sind zeitlich am umfangreichsten. Sie führen nicht zur Heilung der ursächlichen Erkrankung, sondern zur Verringerung von Begleit- und/oder Folgeerkrankungen und verlängern so die Krankheitsdauer. Sie bewirken eine Erhöhung der Anzahl an chronisch Kranken, an Pflegebedürftigen und an Behinderten und führen somit zu einer Erhöhung der Morbiditätsrate (vgl. Richard, 1993, S. 132). Kopetsch verweist beispielhaft auf die Niereninsuffizienz, eine Spätfolge von Diabetes mellitus. War in den 1950er-Jahren dieses Stadium für die Patienten ein Todesurteil, so können die Betroffenen heutzutage durch den medizinischen Fortschritt behandelt werden (vgl. Kopetsch, 2001, S. 64). Allein in Deutschland profitieren von diesen Möglichkeiten jährlich 21.000 bis 28.000 Diabetiker (vgl. Deutsche Gesellschaft für Nephrologie, 2011). Für den chronischen Patienten stellt dieser Fortschritt einen Segen dar, bewirkt jedoch gesundheitspolitisch gesehen einen Anstieg chronischer Erkrankungen und somit einen höheren Bedarf in der gesundheitlichen Versorgung, dem Rechnung getragen werden muss. Insofern hat der medizinische Fortschritt direkte Auswirkungen auf die Anzahl der für die Versorgung der Bevölkerung benötigten Ärzte.

Medizinstudium

Ob der Bedarf an Ärzten zukünftig gedeckt werden kann, hängt auch in hohem Maße von der Gruppe der Berufsnachfolger, den derzeitigen und zukünftigen Medizinstudenten, ab. Studienplätze für das Fach Medizin werden deutschlandweit über die Zentralstelle für die Vergabe von Studienplätzen (ZVS) vergeben. Für den sowohl im Sommer- als auch im Wintersemester beginnenden Studiengang schwanken zwar die Bewerberzahlen, sind aber, in Relation zu der gleichbleibenden Anzahl an Studienplätzen, sehr hoch. Wie in Abbildung 2.6 dargestellt, ist in den letzten Jahren ein kontinuierlicher Anstieg der Bewerber zu verzeichnen. Kamen im Jahr 2000 auf einen Studien-

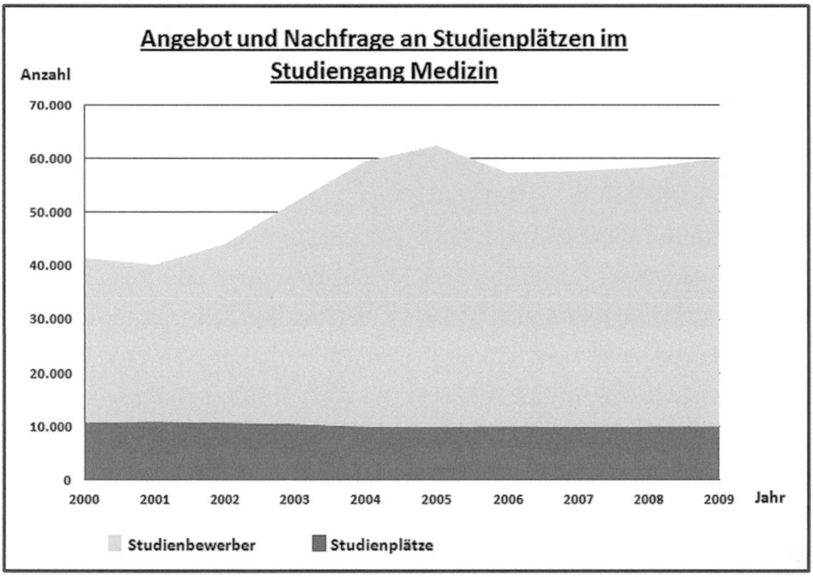

Abb. 2.6: Angebot und Nachfrage an Studienplätzen im Studiengang Medizin (Daten: ZVS, 2011)

platz 2,86 Bewerber, so waren es 2009 bereits 5,01 (vgl. ZVS, 2011). Die Zahlen unterstreichen die hohe Attraktivität des Studiums der Humanmedizin und das bei vielen Abiturienten nach wie vor bestehende Interesse am Fach.

In der Betrachtung der Gesamtzahl der Medizinstudierenden verweist Kopetsch auf einen deutlichen Rückgang seit 1994 (87.976), zeigt aber gleichzeitig, dass sich die Anzahl in den letzten Jahren (seit 2000) zwischen 76.000 und 78.000 Studenten eingependelt hat (vgl. Kopetsch, 2010, S. 35 ff.). Aus unterschiedlichen Gründen beenden nicht alle Studienanfänger ein begonnenes Studium. Kopetsch beklagt in seiner Untersuchung einen Verlust von durchschnittlich 17,9 % deutscher Medizinstudenten im Verlauf des Studiums in den Jahren 2003 bis 2008 (vgl. ebd.). Dem widersprechen die Angaben einer Untersuchung der Hochschul-Informations-System GmbH (HIS), in der der Fächergruppe Medizin eine hohe Studienerfolgsrate bescheinigt wird. Die bereits in den 1990er-Jahren sehr geringe Abbruchsquote hat sich noch reduziert, wie auch Heublein, Schmelzer und Sommer feststellen. Nur 5 % der Medizinstudenten schaffen keinen akademischen Abschluss (vgl. Heublein; Schmelzer; Sommer, 2008, S. 11 f.). Zum Vergleich: Die Abbruchrate in den Fächern Mathematik/Naturwissenschaften ist mit 28 % am höchsten (vgl. ebd.). Im Downloadbereich zu dieser Arbeit sind ergänzende Abbildungen zur Thematik verfügbar (vgl. A-2.1 bis A-2.4 unter www.apollon-hochschulverlag.de/band4dcpba).

Obwohl die Anzahl der erfolgreichen Absolventen im Fach Medizin leicht ansteigt, ist die Zahl der Erstmeldungen bei der Ärztekammer nach erfolgreichem Studium mit etwa 7.300 Ärzten in den letzten Jahren konstant geblieben (vgl. Kopetsch, 2010, S. 44). Die Differenz lässt sich unter anderem durch die Beschäftigungswahl von Ärzten in nicht kurativen Bereichen erklären. Hierzu zählen Behörden, Körperschaften, pharmazeutische Unternehmen und andere wirtschaftliche Bereiche. Der Wert der Erstmeldungen pendelt seit 2001 nur leicht zwischen 8,5 und 8,7 %, wobei keine großen Veränderungen für die kommenden Jahre erwartet werden (vgl. Bausch, 2010, S. 13).

Frauen in der Medizin[5)]

Ein weiterer einflussnehmender Faktor ist die Steigerung des Frauenanteils in der Wissenschaft. Frauen sind in bestimmten Studiengängen, zu denen auch das Fach Humanmedizin zählt, überproportional vertreten.

Die Daten des Statistischen Bundesamts zeigen, dass die Gruppe der Medizin-Studienanfänger in den Wintersemestern von 2000 bis 2011 relativ konstant geblieben ist (vgl. ZVS, 2011). Der Frauenanteil hat sich bei 64 % eingependelt (vgl. Statistisches Bundesamt Deutschland, 2009a, S. 21; Statistisches Bundesamt Deutschland, 2011, S. 22). Der Fachbereich Medizin zeigt mit seinem bereits im Jahr 2000 überdurchschnittlich hohen Absolventinnen-Anteil von 46 % den stärksten Anstieg (vgl. Statistisches Bundesamt Deutschland, 2009b, S. 27). Im weiteren beruflichen Werdegang gehen die prozentualen Anteile der Frauen jedoch deutlich zurück (vgl. Abb. 2.7). Kopetsch spricht hier von einem Frauenschwund: „Zwischen Examen und Gebietsanerkennung sinkt bei dieser Lebenszyklusbetrachtung die Frauenquote um 10 Prozentpunkte." (Kopetsch, 2010, S. 103) Wissenschaftliche Arbeiten, die sich mit

5 Der Begriff der „Feminisierung der Medizin", der den steigenden Frauenanteil in der medizinischen Profession beschreiben soll, wird hier folgend bewusst nicht verwendet, da er nach Bühren mit einer eklatant defizitären Bedeutung benutzt wird und Frauen damit eine Sündenbockfunktion zugewiesen wird (vgl. Bühren, 2009). „Diese Verwendung des Begriffs ‚Feminisierung der Medizin', insbesondere mit Blick auf den Ärztemangel, sollte künftig obsolet sein. Was wir derzeit erleben, ist ein Normalisierungsprozess weg von der Maskulinisierung der Medizin hin zur Erlangung eines überfälligen und auch notwendigen zahlenmäßigen Gleichgewichts von Ärztinnen und Ärzten." (Bühren, 2009) Ackermann-Liebrich verweist ebenso darauf, dass der steigende Frauenanteil in der Medizin als eine „Gleichberechtigung" und nicht als eine „Verweiblichung" zu sehen ist (vgl. Ackermann-Liebrich, 2003, S. 17).

der Thematik befassen, begründen diese Entwicklung mit den unterschiedlichen Berufsbiografien von Frauen und Männern (vgl. Gensch; Waltenberger, 2006, S. 11). Die geschlechtsspezifischen Unterschiede lassen sich nach Gensch und Waltenberger durch die Selbst- und Fremdselektion, Befunde zur horizontalen und vertikalen Segregation sowie durch die unterschiedliche Kompatibilität von Beruf und Familie erklären (vgl. ebd.).

Die Theorie der Selbst- und Fremdselektion beinhaltet zwei entscheidungsrelevante Mechanismen. Selbstselektion bedeutet, dass Frauen in der Regel versuchen, in ihrem Lebensentwurf berufliche und außerberufliche Belange zu integrieren (vgl. Buddeberg-Fischer, 2003, S. 33). So verweist Hauffe darauf, dass Frauen häufig unbewusst ihren beruflichen Werdegang durch eine potenziell mögliche Schwangerschaft negativ beeinflussen (vgl. Hauffe, 2003, S. 80 f.). Parallel erfolgt durch das soziale wie berufliche Umfeld eine Fremdselektion. So beeinflussen Geschlechtsstereotypen die eigene Wahrnehmung, aber auch die der Kollegen und Vorgesetzten. Hinzu kommen generelle Hürden, auf die Frauen im Karriereaufbau treffen. Dies sind strukturelle Rahmenbedingungen und gesetzliche Vorschriften, wie Berufsverbot in

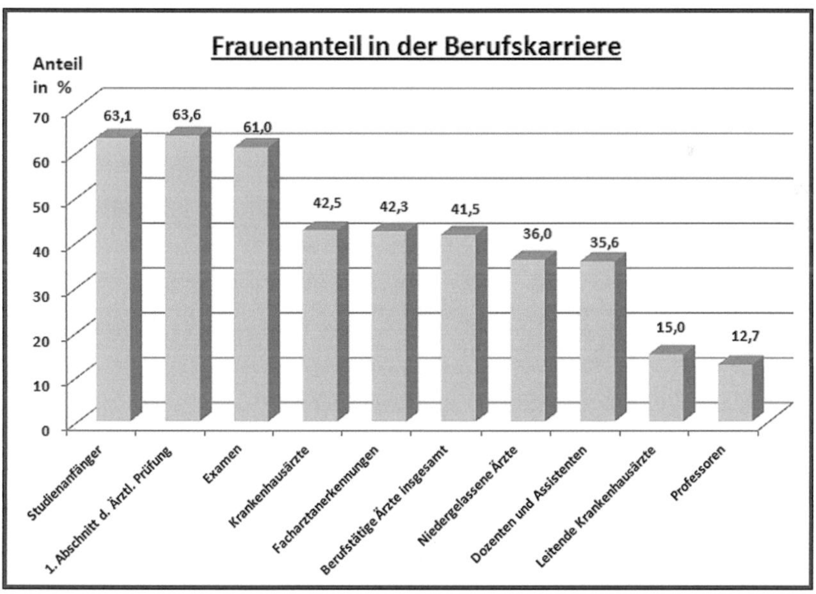

Abb. 2.7: Anteil der Frauen im Verlauf der medizinischen Berufskarriere (Ein-Zeitpunkt-Betrachtung, Stand 2008) (Kopetsch, 2010, S. 101)

bestimmten Bereichen bei bestehender Schwangerschaft. Der Wiedereinstieg nach Unterbrechung aus familiären Gründen wird häufig erschwert. Die noch unstrukturierten Weiterbildungsmöglichkeiten verstärken den negativen Effekt (vgl. Gensch; Waltenberger, 2006, S. 14 f.).

Die horizontale Segregation zeigt, dass Frauen in bestimmten Fachbereichen verstärkt vertreten sind. Gensch und Waltenberger verweisen in diesem Zusammenhang auf eine mögliche Veränderung in der medizinischen Versorgung (vgl. ebd.).

> *„Aufgrund fachlicher Besonderheiten kann es darüber hinaus schon während der Qualifikationsphase zum Facharzt zu einer verstärkten Nachfrage nach Arbeitsmöglichkeiten in niedergelassenen Praxen kommen, die später in Form eines Angestelltenverhältnisses eventuell weitergeführt werden könnten und einen Verbleib im niedergelassenen Bereich bedeuten." (Gensch; Waltenberger, 2006, S. 17)*

Die vertikale Segregation besteht in der Unterrepräsentanz von Ärztinnen in Führungspositionen in Kliniken und Universitäten. Im Fach Humanmedizin sind die Professorinnen mit nur 11 % der Professorenschaft im Jahr 2008 trotz leichten Anstiegs nur geringfügig vertreten (vgl. Statistisches Bundesamt Deutschland, 2009b, S. 28).

Als dritte Faktorengruppe wird in der Literatur die Vereinbarkeit von Familie und Beruf angeführt (vgl. Gensch; Waltenberger, 2006; Kopetsch, 2010; KVB, 2011; Ackermann-Liebrich, 2003). Diese Aussage steht in enger Verbindung mit der eingangs erwähnten Selbstselektion.

Durch den zahlenmäßigen Anstieg der Frauen in der Medizin wird es nach Annahme von Ackermann-Liebrich neben dem beschriebenen biografisch bedingten temporären Defizit zu einem generellen Ärztemangel kommen. Um die Versorgungsdichte zu halten, müsse, laut Ackermann-Liebrich, ein heute tätiger, männlicher Arzt durch anderthalb bis zwei Ärztinnen ersetzt werden, da im Schnitt bei Frauen Weiterbildungen länger dauern[6)], sie ihre Praxen später eröffnen, weniger Wochenstunden leisten und für die Behandlung mehr Zeit aufbringen (vgl. Ackermann-Liebrich, 2003, S. 17 f.).

6 Weiterbildungen finden meist zeitlich parallel in die Zeit der Familiengründung statt und werden dadurch unterbrochen, wodurch diese Zusatzqualifikationen bzw. Weiterbildungen später abgeschlossen werden.

Kopetsch verweist auf ein geringeres Arbeitsvolumen der Ärztinnen gegenüber ihren männlichen Kollegen (vgl. Kopetsch, 2010, S. 136). Im Gutachten des Sachverständigenrats wird vermerkt, dass die höhere Frauenquote bislang nicht zu einer nennenswerten Zunahme der Teilzeitbeschäftigungsverhältnisse geführt habe (vgl. SVR-Gesundheit, 2009, S. 74).

Generell ist die berufliche Niederlassung eine von vielen Ärztinnen gewählte Variante der Berufsausübung. So stieg seit 1979 in den alten Bundesländern die Anzahl der weiblichen Ärzte von 18,9 % auf 33,3 % im Jahr 2009. In den neuen Bundesländern ist der Frauenanteil bei den Niedergelassenen mit 54,77 % deutlich höher. Vor der Wiedervereinigung wird sogar ein Prozentsatz von 59,72 vermerkt (vgl. Kopetsch, 2010, S. 94 ff.). Bei den Allgemeinmedizinern, als Vertreter der Hausärzte, entsprach der Anteil der Ärztinnen im Jahr 2009 einer Größe von 41,3 % (vgl. ebd.).

Trend zur Reduzierung der Arbeitszeit

Die in der Wirtschaft seit Jahrzehnten bestehende Reduzierung des Arbeitszeitvolumens hat sich auch im Bereich der Medizin ausgewirkt. Die Anzahl der wöchentlichen Arbeitsstunden (vgl. dazu Tab. A-2.1 unter www.apollon-hochschulverlag.de/band4dcpba) hat zwar abgenommen, liegt aber nach Kopetsch trotzdem über dem Niveau anderer Dienstleister (vgl. Kopetsch, 2010, S. 137 ff.). Neben der Reduzierung der Wochenarbeitszeit ist die veränderte Einstellung der männlichen wie weiblichen Ärztegeneration im Sinne der Work-Life-Balance von Bedeutung (vgl. Bühren, 2009). So gewinnt die Vereinbarkeit von Berufstätigkeit und Familie mit der Möglichkeit von Erziehungszeiten für beide Elternteile eine immer höhere Bedeutung. Die Entwicklung der Arbeits- und Lebensarbeitszeit orientiert sich auch für den Arztberuf an gendergerechteren Modellen.

Stadt-/Landversorgung

Die Wahl für oder gegen eine Praxisniederlassung wird auch durch die Eigenschaften der Region, der der zu besetzende Kassenarztsitz zugeordnet ist, beeinflusst und ist daher als relevanter Faktor nicht zu unterschätzen.

Die Praxisübernahme in einer großflächigen Region mit geringer Bevölkerungsdichte, häufig überaltertem Patientenklientel bei gleichzeitiger Multimorbidität, geringem Privatpatientenanteil und/oder schlechter Infrastruktur erweist sich für einen Nachfolger meist als wenig attraktiv. Wenn neben den beruflich ungünstigen Bedingungen noch die sogenannten weichen Standortfaktoren wie Freizeit- und Kulturangebote sowie differenzierte Schulangebote fehlen, ist es derzeit so gut wie unmöglich, den betreffenden Vertragsarztsitz neu zu besetzten (vgl. Klose; Uhlemann, 2006, S. 13). Klose und Uhlemann machen darauf aufmerksam, dass dieser Mechanismus fortbestehen wird, solange noch Niederlassungsmöglichkeiten in attraktiven, gut versorgten Standorten existieren (vgl. ebd.). Oberlander et al. verweisen in gleicher Weise auf die Problematik und verbinden die Binnenwanderung der Ärzte mit einem innerdeutschen Braindrain[7)]. Von diesem profitieren demografisch und wirtschaftlich insbesondere die westlichen Länder, wie Bayern, Rheinland-Pfalz und Baden-Württemberg (vgl. Oberlander et al., 2010, S. 29 ff.). Befragungen von Medizinstudenten und Jungmedizinern bestätigen die Tendenz, später nicht unbedingt in ländlichen Regionen bzw. in den neuen Bundesländern tätig werden zu wollen (vgl. ebd.).

Altersstruktur der Ärzte

Die vorliegende Altersstruktur der Hausärzte in den vom Arztmangel betroffenen Regionen verstärkt die Problematik. Die demografische Entwicklung bedingt eine Veränderung des Angebots an Gesundheitsleistungen. Dieses wird beachtlich sinken, wenn die zwischen 1955 und 1965 Geborenen, d. h. die geburtenstarken Jahrgänge, sukzessive aus dem Erwerbsleben ausscheiden werden (vgl. Oberlander et al., 2010, S. 5). Grundlage dieser Aussage ist die deutliche Alterung der Berufsgruppe. So waren im Jahr 2007 37,8 % der Ärzte älter als 50 Jahre (vgl. SVR-Gesundheit, 2009, S. 74 ff.). Erschwerend kommt hinzu, dass die absoluten Zahlen der Beschäftigten im Gesundheitswesen demografisch bedingt zwischen 1997 und 2007 zurückgegangen sind. So lag die Anzahl der ärztlich Beschäftigten unter 35 Jahren im Jahr 2007 bei nur noch 80,6 % (50.000 Ärzte) der Vergleichsgruppe aus dem Jahr 1997 (62.000 Ärzte) (vgl. ebd.).

Der hohe Altersdurchschnitt bedeutet, dass diese Praxen in naher Zukunft übergeben oder, sofern kein Nachfolger gefunden wird, geschlossen

---

7 Der Begriff Braindrain bezieht sich auf den Verlust einer Volkswirtschaft. Er definiert sich als „Emigration von Arbeitskräften, die dem Abwanderungsland Kenntnisse und Fertigkeiten, d. h. in den Menschen inkorporiertes Humankapital, entzieht. Bes. in Ländern der Dritten Welt wird der Braindrain als entwicklungsbeeinträchtigender Faktor angesehen (Kontereffekt)" (Gabler Verlag, o. J.).

werden müssen. Im Jahr 2009 lag der Anteil der Ärzte, die über 59 Jahre alt sind, mit 23,1 % am höchsten bei der Gruppe der Allgemeinärzte/praktischen Ärzte (ohne Internisten) (vgl. Kopetsch, 2010, S. 28). In Deutschland konnten nach Aussage der Kassenärztlichen Vereinigung bereits Anfang 2010 1.935 Kassenarztsitze für Hausärzte nicht besetzt werden. Dies betraf vor allem Niedersachsen (457) gefolgt von Sachsen-Anhalt (270) (vgl. Kopetsch, 2010, S. 31).

Ab- bzw. Zuwanderung von Ärzten

Die Abwanderung ausgebildeter Ärzte, insbesondere in europäische Nachbarländer, wird in der öffentlichen Diskussion häufig hervorgehoben und als einer der Gründe für eine zu erwartende Unterversorgung genannt. Tatsächlich hat sich die Zahl der abwandernden deutschen Ärzte von etwa 2.560 in 2010 in den vorherigen fünf Jahren mit Ausnahme des Jahres 2008 nicht wesentlich verändert (vgl. Abb. 2.8) (vgl. Kopetsch, 2010, S. 122). In der Statistik wird allerdings nicht berücksichtigt, dass ein Teil der ausgewanderten Ärzte

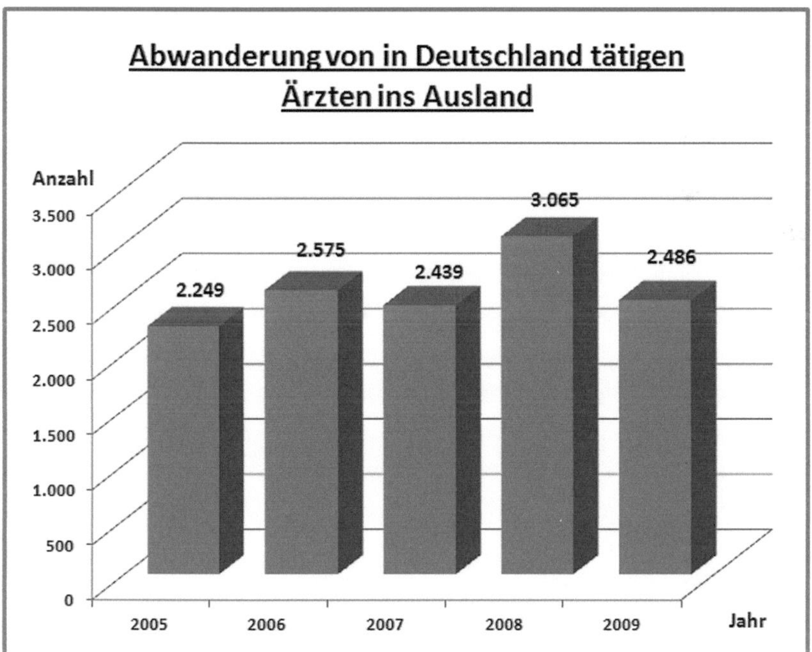

Abb. 2.8: Emigration deutscher Ärzte (Kopetsch, 2010, S. 122)

nach einer gewissen Zeit wieder nach Deutschland zurückkehrt. Bausch verweist auf diese statistische Lücke und fordert eine diesbezügliche Erhebung, um ein realistisches Bild der Salden der Wanderungsbewegung darstellen zu können (vgl. Bausch, 2010, S. 15).

In engem Zusammenhang mit der Abwanderung deutscher Ärzte steht die Zuwanderung ausländischer Ärzte, wobei eine klare Unterscheidung zwischen tatsächlich emigrierten Ärzten und solchen, die in Deutschland geboren sind und hier ihre Ausbildung erhalten haben, aber keine deutsche Staatsbürgerschaft besitzen, nicht erfolgt. Unbeachtet dieser Einschränkung zeigt sich ein kontinuierlicher Anstieg an ausländischen Ärzten in Deutschland (vgl. Kopetsch, 2010, S. 111). Der größte Teil der ausländischen Mediziner kommt aus Österreich, gefolgt von Griechenland und den osteuropäischen Ländern (vgl. Kopetsch, 2010, S. 114 ff.). Zur Thematik finden Sie weitere Abbildungen (A-2.5 und A-2.6) unter www.apollon-hochschulverlag.de/band4dcpba.

Gesundheitspolitische Rahmenbedingungen

Möchte der Arzt nach der medizinischen Aus- und Weiterbildung in der hausärztlichen Versorgung tätig sein, stehen ihm verschiedene Möglichkeiten zur Verfügung. Eine Anstellung in einer bestehenden Niederlassung ermöglicht unterschiedliche Arbeitszeitmodelle. Daneben hat ein Arzt verschiedene kollegiale Kooperationsformen zur Auswahl ebenso wie eine Niederlassung im konventionellen Stil der Einzelpraxis. Unabhängig von der gewählten Organisationsform müssen für eine Praxistätigkeit eine Reihe von Gesetzen beachtet werden. Hierzu zählen die bestehenden Rechtsquellen von Bund und Ländern. Weiter sind zusätzliche Bestimmungen sowie das Satzungsrecht der Kassenärztlichen Vereinigung des jeweiligen Landes zu beachten. Die gesetzlichen Verordnungen haben tiefgreifende Auswirkungen auf die tägliche Arbeit des Mediziners z. B. die Verpflichtung zur Qualitätssicherung nach § 135 a Abs. 2 SGB V (vgl. BMJ, 2011). Daneben wird das Delegieren von ärztlichen Tätigkeiten an nicht ärztliches Personal durch die vorliegenden Gesetze erschwert und muss unter verschiedenen juristischen Aspekten betrachtet werden (vgl. Redaèlli et al., 2009, S. 52 ff.).

Im August des Jahres 2011 wurde das GKV-Versorgungsstrukturgesetz (GKV-VSTG) verabschiedet (vgl. Deutscher Bundestag, 2011). Das im Januar

2012 in Kraft getretene Gesetz verfolgt das Ziel, die flächendeckende, wohnortnahe Versorgung zu sichern. Ein strategischer Ansatz ist es, die Niederlassung auf dem Land bzw. in unterversorgten Gebieten wieder als eine attraktive Alternative zu gestalten. Hierzu ermöglicht das Gesetz durch die Abschaffung der Residenzpflicht, dass die Praxisniederlassung und der Wohnort des Arztes an verschiedenen Standorten sein können. Zudem wird die Errichtung von Zweitpraxen vereinfacht. Seit Januar 2012 ist weiterhin die Honorarbegrenzung für Ärzte in den dünner versorgten Gebieten aufgehoben und Ärztinnen können sich nach der Geburt eines Kindes statt der bisherigen sechs Monate für zwölf Monate vertreten lassen. Eine weitere Neuerung des Gesetzes besteht darin, dass der zukünftige Bedarfsplan den tatsächlichen Bedarf realistischer abbilden soll und flexibler gestaltbar ist (vgl. Deutscher Bundestag, 2011). Das GKV-VSTG wird von den Mitgliedern der Bundesregierung als wichtiger Schritt für die Patienten gelobt, wogegen Vertreter der Opposition Kritik an dem neuen Gesetz üben. Sie bezweifeln, dass die eigentlichen Ursachen der Versorgungsproblematik, wie die hohen Privatpatientenhonorare, nicht angegangen werden und damit die gesetzten Anreize nur partiell greifen können (vgl. aerzteblatt.de, 2011).

2.1.3 Erwartete Entwicklung der hausärztlichen Versorgung

Die Statistik der Bundesärztekammer zeigt eine schlechtere Versorgung in den neuen Bundesländern, wobei diese nicht homogen, sondern loko-regional unterschiedlich ist (vgl. Kopetsch, 2010, S. 55 ff.). Sachsen-Anhalt fehlen dabei so viele Hausärzte wie allen anderen neuen Bundesländern zusammen. Auch im Norden der alten Bundesrepublik sind bereits Hausarztsitze nicht besetzt. So fehlten zum Zeitpunkt der statistischen Erfassung (2009) in Niedersachsen 219 Hausärzte. Der Süden Deutschlands war im gleichen Zeitraum noch gut versorgt, allerdings wurden auch in den Bundesländern Baden-Württemberg und Bayern 24,2 und 23,7 % beim Anteil der Hausärzte über 59 Jahre erreicht (vgl. ebd.). Diese Gebiete werden zukünftig einen verstärkten Bedarf an Nachwuchskräften melden. Aus Gründen der Vergütung, die im Osten geringer ist, und der Anzahl der zu betreuenden Hausarztpatienten, die im Osten höher ist, erscheint die Niederlassung in den alten Bundesländern für den Arzt attraktiver. Als Konsequenz ist ein weiterer „Staubsaugereffekt“ von jungen Medizinern in die alten Bundesländer zu erwarten, was die Versorgung der neuen Bundesländer zusätzlich belasten wird (vgl. ebd.). Kreise oder Städte in strukturell attraktiven Gegenden weisen in der Regel eine Überversorgung auf. So liegt z. B. der hausärztliche Versorgungsgrad im Landkreis Starnberg bei 148,4 % oder in der Stadt München bei 130,5 %, im Landkreis Deggendorf (Niederbayern) aber bei nur 97,3 % (vgl. KVB, 2010, S. 11 ff.).

Nach einer Schätzung von Kopetsch auf Basis des Bundesarztregisters ist mit einem Rückgang der Berufsgruppe von 13,3 % bis zum Jahr 2020 zu rechnen (vgl. Kopetsch, 2010, S. 65). In einer Studie der Berliner Charité geben nur 7 % der Studierenden im praktischen Jahr an, dass ihre erste Wahl in der Facharztentscheidung die Allgemeinmedizin ist. Neben unterschiedlichen genannten Faktoren ist die Hauptursache eine antizipierte Unzufriedenheit mit den Arbeitsbedingungen. Die Heterogenität des Faches und die Größe der Fachgruppe erschweren zudem die Entwicklung einer gemeinsamen Identität (vgl. SVR-Gesundheit, 2009, S. 101 f.). Nach statistischen Berechnungen im Auftrag der Bundesärztekammer sind in Deutschland durch Abgang (z. B. durch Ruhestand oder Arbeitsplatzwechsel ins Krankenhaus; also keine Abwanderung) von 2010 bis zum Jahr 2020 insgesamt 71.625 Ärzte zu ersetzen. Hiervon umfasst die Gruppe der abzulösenden Vertragshausärzte 23.768 Mediziner (vgl. Kopetsch, 2010, S. 143).

2.2 Gesundheitsregion IngolStadtLandPlus

Die ausgewählte Region umfasst, wie bereits erwähnt, vier kassenärztliche Planungsbezirke, die Stadt Ingolstadt sowie die Landkreise Eichstätt, Neuburg-Schrobenhausen und Pfaffenhofen a. d. Ilm. Ein großes Klinikum in Ingolstadt und vier kleinere Kreiskrankenhäuser stehen für die stationäre Akutversorgung der Bevölkerung zur Verfügung. Unterstützend erfolgt eine Verzahnung der Bereiche stationär und ambulant durch ein Medizinisches Versorgungszentrum (MVZ) am Klinikum. Das Praxisnetz GO IN unterhält zwei Notfallpraxen, eine am Klinikum Ingolstadt und eine am Krankenhaus in Neuburg, als Ergänzung zu den ärztlichen Bereitschaftsdiensten (vgl. Abb. 2.9).

2.2.1 Vorstellung der Region

Im Jahr 2010 waren 458.871 Einwohner bei den zugehörigen Einwohnermeldeämtern gemeldet. Seit 1984 ist ein kontinuierliches Bevölkerungswachstum in der Region zu vermerken (vgl. Abb. A-2.7 unter www.apollon-hochschulverlag.de/band4dcpba). Der anfangs steile Anstieg der Einwohnerzahlen ist in den

Abb. 2.9: Stationäre Versorgung der Region IngolStadtLandPlus

letzten Jahren abgeflacht. Nach der regionalen Bevölkerungsvorausberechnung für Bayern gehört der Großraum München bis Ingolstadt zu dem Wachstumszentrum und kann mit überdurchschnittlichen Einwohnerzuwächsen rechnen (vgl. Bayerisches Landesamt für Statistik und Datenverarbeitung, 2011, S. 16 f.). Für die Region IngolStadtLandPlus wird demgemäß zum Dezember des Jahres 2030 der Bevölkerungsstand auf 475.400 Einwohner berechnet (vgl. ebd.). Als weitere Besonderheit der Region ist hervorzuheben, dass die Geburtenzahl in der Regel über der Sterbezahl liegt. So wurde im Jahr 2010 ein natürlicher Saldo von +0,4 bei den Geburten- und Todesfällen je 1.000 Einwohner verzeichnet. Dieser positive Trend besteht sonst nur in der Landeshauptstadt München (+2,9). Bayernweit liegt die natürliche Bevölkerungsbewegung hingegen bei –1,4 (vgl. Stadt Ingolstadt, 2011b, S. 41). Für die wissenschaftliche Betrachtung der Versorgungssicherung ist die Altersgruppe ab 65 Jahren aufgrund ihres erhöhten medizinischen Bedarfs von besonderer Bedeutung. Dieser Gruppe gehörten im Jahr 2010 in der Region 17,7 % der Bevölkerung an (vgl. Stadt Ingolstadt, 2011b, S. 38). Bundesweit sind es im Jahr 2010 bereits 20,6 % (vgl. Statistisches Bundesamt Deutschland, o. J.)

2.2.2 Versorgungsangebot durch Hausärzte

Die ambulante medizinische Versorgung in Bayern wird über die Kassenärztliche Vereinigung Bayerns (KVB) mit Sitz in München organisiert. Die KVB führt auf Basis ihres Datenbestands unabhängige Analysen durch. Die Ergebnisse werden in Versorgungsatlanten, unter anderem für den Bereich Hausärzte, veröffentlicht. Die Tabelle 2.1 und die Abbildung 2.10 basieren auf den Daten des 2010 veröffentlichten Versorgungsatlas (vgl. KVB, 2010, S. 7 ff.).

Nach Stand von 2010, der hier als Grundlage weiterer Berechnungen dient, sind in der Region 290 niedergelassene Ärzte als Hausärzte gemeldet und belegen einen Hausarztsitz (vgl. ebd.). Die Zuordnung zu den jeweiligen Planungsbezirken ist detailliert in Tabelle 2.1 dargestellt. Für die gesamte Region IngolStadtLandPlus wurden die vorliegenden Daten gemittelt.

Die Daten verweisen bereits auf bestehende lokale Unterschiede in der Versorgung. Ingolstadt und Kreis Neuburg-Schrobenhausen liegen deutlich über der Hundertprozentversorgung, wogegen der Landkreis Eichstätt mit einem Versorgungsgrad von nur 92,7 % schlechter versorgt ist. Für die gesamte Region

Tabelle 2.1: Hausärztliche Versorgung in der Region IngolStadtLandPlus (Stand 01.01.2010, Daten: KBV, 2010, S. 7 ff.)

	IN	EI	NB	PAF	ISLP (gemittelt)	Bayern
HÄ/10.000 Einwohner	6,9	5,8	6,6	6,3	6,4	7,3
Versorgungsgrad in %	109,4	92,7	110,3	103,0	103,85	
Anzahl der HÄ gesamt:	85	72	60	73	290	9.112
> 60 (absolut)	14	15	11	14	54	2.096
> 60 in %	16,5	20,8	18,3	19,2	18,62	23,0
weibliche HÄ:	39	23	22	29	113	3.028
in %	45,9	31,9	36,7	39,7	38,97	33,2
> 60 (absolut)	3	1	4	2	10	423
> 60 in %	7,7	4,3	18,2	6,9	8,85	14,0
männliche HÄ:	46	49	38	44	177	6.084
in %	54,1	68,1	63,3	60,3	61,03	66,8
> 60 (absolut)	11	14	7	12	44	1.673
> 60 in %	23,9	28,6	18,4	27,3	24,86	27,5

(Abkürzungen gemäß Kraftfahrzeugkennzeichen: IN = Stadt Ingolstadt; EI = Landkreis Eichstätt; NB = Landkreis Neuburg-Schrobenhausen; PAF = Landkreis Pfaffenhofen; ISLP = Region IngolStadtLandPlus gesamt; HÄ = Hausärzte)

liegt ein Versorgungsgrad von gemittelt 103,85 % vor. Dies entspricht einer Versorgungsdichte von 6,4 Hausärzten pro 10.000 Einwohner (vgl. KVB, 2010, S. 7 ff.). Zum Vergleich: Bayernweit versorgen 7,3 Hausärzte 10.000 Bewohner. Von den 290 Hausärzten der Region sind 54 Mediziner (18,62 %) älter als 60 Jahre. Der Anteil der weiblichen Hausärzte beträgt 38,97 %, was einer absoluten Zahl von 113 Ärztinnen entspricht (vgl. ebd.). Die Altersstruktur der im Jahr 2010 praktizierenden Hausärzte ist in Abbildung 2.10 differenziert dargestellt.

Derzeit sind die meisten Hausärzte der Region 40 bis 62 Jahre alt. Besonders stark sind die Gruppen der zum Erhebungszeitpunkt 44- und 57-Jährigen vertreten. Das Durchschnittsalter aller 290 Hausärzte beträgt 51,28 Jahre und liegt somit knapp unter dem bundesweiten Durchschnittsalter von 51,4 Jahren im Jahr 2007 (vgl. Oberlander et al., 2010, S. 12). Abbildung 2.10 zeigt, wie viele Ärzte auf Basis der Altersstruktur von 2010 in den nächsten Jahrzehnten voraussichtlich aus der praktischen Tätigkeit ausscheiden werden. Die von jeder Trennlinie rechts befindlichen Ärzte sind zu diesem festgelegten Zeitpunkt über 65 Jahre alt und stehen für die Versorgungsplanung nicht mehr zur Verfügung.

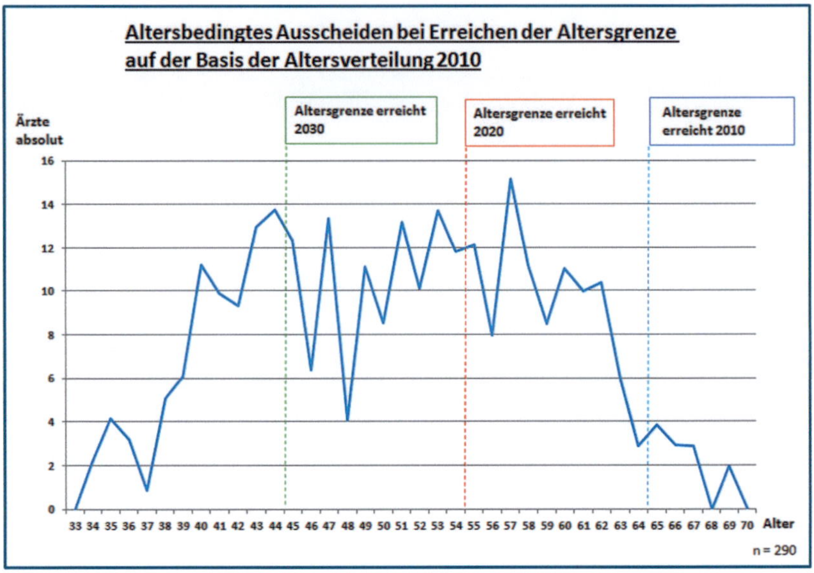

Abb. 2.10: Altersverteilung der Ärzte der Region IngolStadtLandPlus im Jahr 2010 (Daten: KVB, 2010, S. 7 ff.)

Unter Orientierung an der allgemeinen Ruhestandsregelung, d. h. einer Verrentung mit 65 Jahren, sind in IngolStadtLandPlus bereits 2010 sieben Ärzte über diesen Zeitpunkt hinaus noch praktisch tätig (in Abb. 2.10 durch eine blaue Senkrechte gekennzeichnet). Im Jahr 2020 (rote Senkrechte) werden die 2010 54-Jährigen ihre Praxen aufgeben und im Jahre 2030 (in Abb. 2.10 grün markiert) werden alle zum Erhebungszeitpunkt 44-Jährigen und Älteren für die hausärztliche Versorgung nicht mehr zur Verfügung stehen. Unter dem Gesichtspunkt, dass auch dann einige Ärzte ihre Praxen über das Rentenalter hinaus weiterführen, können diese Daten zwar leicht variieren, jedoch scheiden Ärzte auch aus anderen Gründen, z. B. gesundheitlichen, vor dem 65. Lebensjahr aus, wodurch sich die Daten wieder angleichen. Durch die altersbedingte Entwicklung der Hausärztestruktur werden der Region in den nächsten beiden Jahrzehnten insgesamt 199 Hausärzte verloren gehen. Von 2010 bis 2020 werden insgesamt 95 Hausärzte ihren Kassensitz aufgeben. Im darauffolgenden Jahrzehnt (2020 bis 2030) werden sogar 104 Ärzte die Altersgrenze zur Verrentung überschreiten. Dies entspricht mehr als zwei Dritteln (68,62 %) aller in der Region derzeitig tätigen Hausärzte.

Eine Annäherung an den tatsächlichen Bedarf bis 2030 ergibt sich, wenn die den Bedarf beeinflussenden Faktoren hinzugezogen werden (vgl. Kap. 2.1.2). Für die Region sind dies die Bevölkerungsentwicklung, die zu erwartende Zunahme der älteren Bewohner, der Mehrbedarf an Ärzten durch größere Frauenanteile unter den Medizinern und die Reduzierung der Arbeitszeiten.

Für das Jahr 2030 hat das Bayerische Landesamt für die Region 475.400 Einwohner vorausberechnet (vgl. Bayerisches Landesamt für Statistik und Datenverarbeitung, 2011, S. 16). Unter der Annahme eines gleichmäßigen Wachstums wird für das Jahr 2020 ein Bevölkerungsstand von 467.136 angenommen. Die Berechnung des zukünftigen Bedarfs erfolgt unter dem Ziel, einen Versorgungsgrad von 100 % zu erreichen. Tabelle 2.2 stellt die berechneten Entwicklungen (Hintergrundberechnungen dazu unter www.apollon-hochschulverlag.de/band4dcpba) dar. Der Versorgungsgrad von 103,85 % für 2010 (Zeile 3, auf Basis des Referenzwertes von 290 HÄ in 2010; vgl. KBV, 2010, S. 7 ff.) zeigt, dass zum Ausgangszeitpunkt ausreichend Hausärzte für die Bevölkerung vorhanden sind.

Ausgehend vom angestrebten Versorgungsgrad von 100 % sind 2010 sieben Hausärzte zu viel in der Region niedergelassen. Im Umkehrschluss bedeutet dies, dass diese Kassenarztsitze nicht mehr besetzt werden müssen und sich somit die Anzahl der Nachfolger reduziert. Für das Jahr 2020 werden 288 Hausärzte für die Region benötigt. Da 95 Ärzte ausscheiden, müssen 93 Mediziner geworben werden. Das entspricht einer jährlichen Rekrutierung von 9,3 Ärzten. Aufgrund des Bevölkerungswachstums vergrößert sich der Hausärztebedarf von 2020 bis 2030 um fünf Hausärzte. In diesem Zeitraum werden voraussichtlich 104 Ärzte aus Altersgründen ausscheiden (vgl. Abb. 2.10), sodass insgesamt 109 Ärztenachfolger benötigt werden, was einem jährlichen Rekrutierungsbedarf von 10,9 Ärzten entspricht. Bis 2030 benötigt die Region somit 202 ärztliche Nachfolger für die Besetzung der Kassenarzt-

Tabelle 2.2: Entwicklung der regionalen Bevölkerung und des Hausärztebedarfs (Daten: Stadt Ingolstadt, 2011b, S. 32; Bayerisches Landesamt für Statistik und Datenverarbeitung, 2011, S. 16)

	2010	2020	2030
Bevölkerungsstand	458.871	467.136	475.400
Hausärztebedarf (Versorgungsgrad 100 %)	283 HÄ	288 HÄ	293 HÄ
Differenz zum Stand von 2010 (290 HÄ)	+7 HÄ	–2 HÄ	+3 HÄ

sitze. Abbildung 2.11 vermittelt einen Eindruck vom Umfang der notwendigen ärztlichen Nachfolger über den betrachteten Zeitraum.

Eine Zunahme der älteren Bevölkerung ist auch im Untersuchungsgebiet zu beobachten. In den statistischen Angaben der Stadt Ingolstadt werden die Bewohner anteilig nach Altersgruppen (vgl. Tab. A-2.3 unter www.apollon-hochschulverlag.de/band4dcpba) gegliedert. Dabei stellen gemäß Abbildung 2.12 die Ältesten (ab 65 Jahren) im Jahr 2010 mit 17,7 % lediglich die drittgrößte Gruppe der Einwohner dar (vgl. Stadt Ingolstadt, 2011b, S. 38). Laut Bayerischem Landesamt für Statistik wird diese Altersgruppe voraussichtlich bis 2030 landesweit einen Zuwachs von 35,1 % verzeichnen (vgl. Bayerisches Landesamt für Statistik und Datenbearbeitung, 2011, S. 16). Für die betrachtete Region wird aus diesen Angaben ein absoluter Anstieg von 81.307 (2010) auf 109.728 (2030) berechnet (vgl. Berechnungen unter www.apollon-hochschulverlag.de/band4dcpba). Die Gruppe der über 65-Jährigen würde somit 2030 23,8 % der regionalen Bevölkerung stellen. Laut Bevölkerungsvorausberechnung wird der Anteil dieser Altersgruppe auf Bundesebene sogar auf 29 % der Gesamtbevölkerung steigen (vgl. Statistisches Bundesamt Deutschland, 2009c). Da der prozentuale Anteil der älteren Bevölkerung in der Region

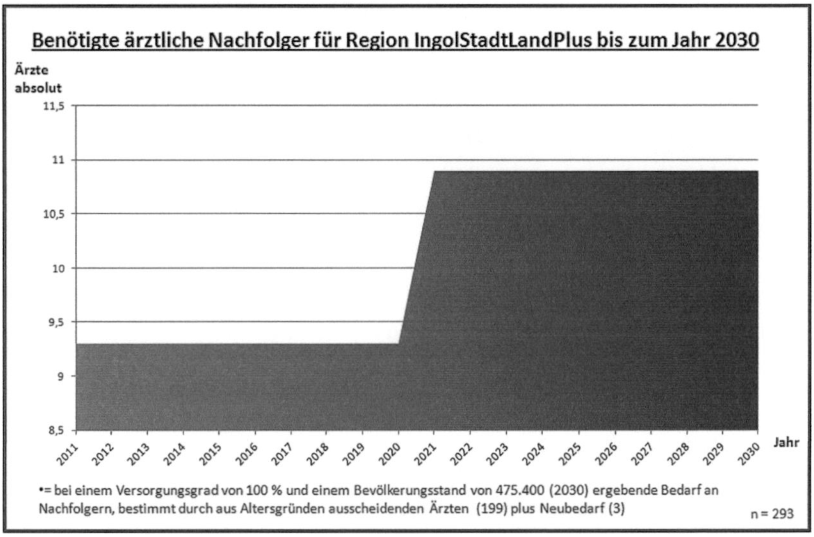

Abb. 2.11: Jährlich benötigte ärztliche Nachfolger unter Beachtung des Bevölkerungswachstums in der Region und dem altersbedingten Ausscheiden der derzeitigen Hausärzte bis zum Jahr 2030 (Daten: KVB, 2010, S. 7 ff.; Stadt Ingolstadt, 2011b, S. 38)

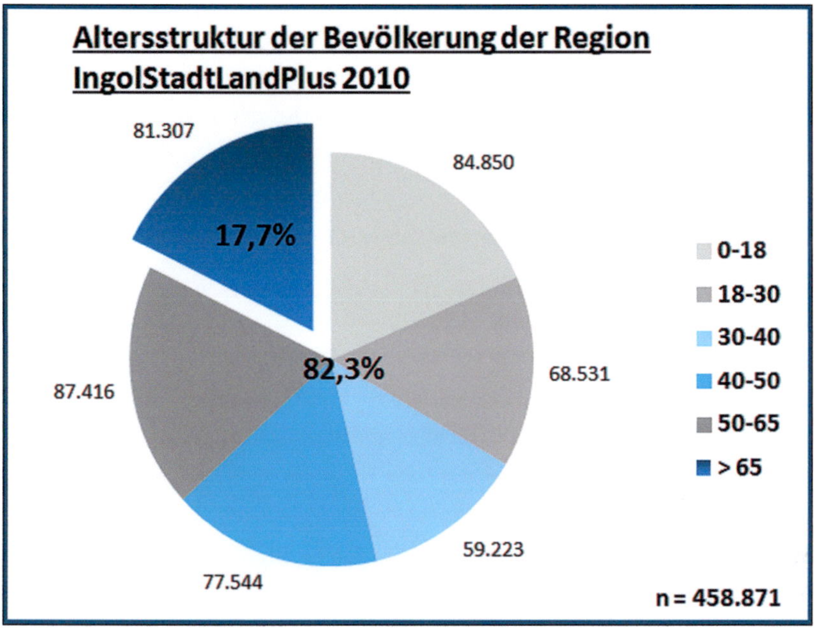

Abb. 2.12: Altersstruktur der Region IngolStadtLandPlus im Jahr 2010 (Daten: Stadt Ingolstadt, 2011b, S. 38)

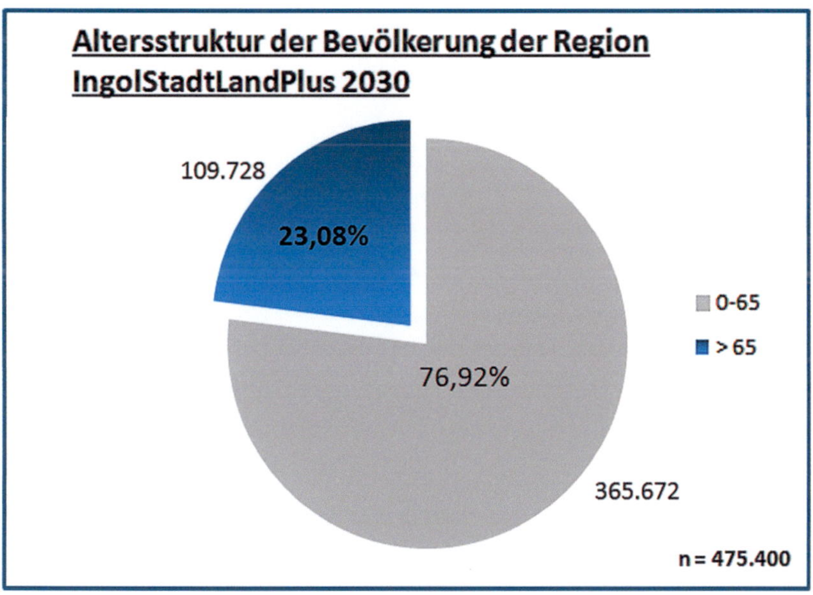

Abb. 2.13: Anteil der über 65-Jährigen an der regionalen Bevölkerung im Jahr 2030 (Daten: Bayerisches Landesamt für Statistik und Datenverarbeitung, 2011, S. 16 f.)

IngolStadtLandPlus daher trotz steigender Zahlen auch 2030 voraussichtlich unter dem Bundesschnitt verweilt, wird der demografische Faktor zur Modifikation des Versorgungsgrads in die Berechnung des zukünftigen Bedarfs nicht einbezogen. Allerdings wird angenommen, dass aufgrund dieser demografischen Entwicklung und der damit verbundenen Multimorbidität der regionale Bedarf an Hausärzten steigen wird.

2.2.3 Best-Case-Entwicklung

Die bestmögliche Entwicklung der regionalen Versorgung von IngolStadtLandPlus bis zum Jahr 2030 ergibt sich, wenn mehrere Faktoren erfüllt werden:

- Wiederbesetzung aller aus Altersgründen freiwerdenden Arztsitze
- Einrichtung von drei zusätzlichen Hausarztsitzen aufgrund des Bevölkerungswachstums
- Ausgleichen des errechneten genderbegründeten[8)] Mehrbedarfs an Ärzten

Konkret lässt sich der Best Case für die Region wie folgt beschreiben: Für einen Versorgungsgrad von 100 % werden bis 2030 insgesamt 202 Mediziner benötigt. Obwohl der Anteil der weiblichen Hausärzte (38,97 %) 2010 in der Region über dem bayerischen Durchschnitt (33,2 %) liegt, sind nur zehn der derzeit praktizierenden Ärztinnen über 60 Jahre alt (18,52 % aller über 60-jährigen Hausärzte). Im Umkehrschluss bedeutet dies, dass in naher Zukunft mehr männliche Hausärzte (81,48 %) ersetzt werden müssen (vgl. KVB, 2010, S. 7 ff.). Unter Berücksichtigung der Aussage von Ackermann-Liebrich, dass ein männlicher Arzt durch anderthalb bis zwei Ärztinnen zu ersetzen ist, wird für die Berechnung ein Faktor von 1,75 angewendet (vgl. Ackermann-Liebrich, 2003, S. 17 f.). Obwohl Ackermann-Liebrich dabei lediglich von einer Erhöhung des Frauenanteils in der Versorgung ausgeht, werden bei dieser Berechnung unter dem Mehrbedarfsfaktor auch die Faktoren des generellen Trends zur Arbeitszeitverkürzung und zur Übernahme von familiärer Verantwortung, wie Erziehungszeiten oder Reduzierung der Arbeitszeit, bezogen auf

8 „Gender ist ein englischsprachiger Begriff für das heute in der Wissenschaft anerkannte Verständnis von ‚Geschlecht' als sozialer Kategorie, die immer im Zusammenhang mit weiteren sozialen Unterscheidungen steht. [...] Gender bringt auch zum Ausdruck, dass es nicht ‚die Männer' und ‚die Frauen' als einheitliche Gruppen gibt und dass auch die Unterscheidung von lediglich zwei Geschlechtern als historisch und kulturell begrenzt zu verstehen ist." (GenderKompetenzZentrum, 2011)

die männlichen Ärzte berücksichtigt (genderbegründeter Mehrbedarf). Der mittels Kassenarztsitzen ausgewiesene Ärztebedarf wird durch den Anpassungsfaktor 1,75 erweitert und ergibt den Brutto-Ärztebedarf, der anzeigt, wie viele Ärzte insgesamt benötigt werden, um die ausgewiesenen Kassenarztsitze abzudecken. Er stellt die Summe an Ärzten dar, die für die hausärztliche Versorgung bei unterschiedlichen Beschäftigungsmöglichkeiten benötigt werden. Daraus ergibt sich für die Region von 2010 bis 2020 ein Brutto-Ärztebedarf von 116 Ärzten bzw. von 2010 bis 2030 ein Bedarf von 253 Ärzten. Durchschnittlich sind unter dieser Annahme in den ersten zehn Jahren 11,6 und in den nachfolgenden zehn Jahren 13,7 Mediziner pro Jahr zu rekrutieren. Mithilfe dieser Berechnung auf Basis des Faktors 1,75 könnte der zuvor errechnete Mindestbedarf für 2030 von 293 Hausärzten mehr als gedeckt und durch verschiedene gesetzliche Beschäftigungsmöglichkeiten von Medizinern die notwendige Arztpräsenz gesichert werden. Gesamt würden im Jahr 2020 311 Ärzte die hausärztliche Versorgung übernehmen und im Jahr 2030 wären es sogar 344 (vgl. Abb. A-2.8 im Downloadbereich). Die detaillierten Rechenschritte dazu sind dem Downloadbereich (www.apollon-hochschulverlag.de/band4dcpba) beigefügt.

2.2.4 Worst-Case-Entwicklung

Die Darstellung der schlechtesten Entwicklung geht ebenso von dem zukünftigen Bedarf an Hausärzten durch die altersbedingten Verluste sowie einem Versorgungsgrad von 100 % aus. Bei der Entwicklung der Hausärztezahlen von 2009 bis 2020 geht Kopetsch deutschlandweit von einem Verlust von 13,3 % aus (vgl. Kopetsch, 2010, S. 65 f.). Zwar liegt die betrachtete Region im Süden Deutschlands und gehört daher, wie erwähnt, zu den von der Binnenwanderung profitierenden Gegenden, doch soll für den Worst Case die entsprechende negative Entwicklung in Erwägung gezogen werden. In Anlehnung an die Schätzung von Kopetsch ergibt die Berechnung für die Region IngolStadtLandPlus einen Rückgang der Hausärzte auf 253 Ärzte im Jahr 2020 und auf 221 Mediziner im Jahr 2030 (vgl. Tab. 2.3). Tritt der Worst Case ein, bedeutet dies für die kassenärztliche Versorgung, dass im Jahr 2020 35 Hausarztsitze nicht besetzt sind und im Jahr 2030 79 Sitze frei bleiben werden. Für die Versorgung der Bevölkerung heißt das, dass in 20

Tabelle 2.3: Entwicklung der hausärztlichen Versorgung im Worst Case (Daten: Stadt Ingolstadt, 2011b, S. 38; KVB, 2010, S. 7 ff.; Bayerisches Landesamt für Statistik und Datenverarbeitung, 2011, S. 16)

	2010	2020	2030
Einwohner Region IngolStadtLandPlus	458.871	467.136	475.400
Hausärzte	290	253	221
Einwohner/HA	1.578	1.846	2.151
HÄ/10.000 Einw.	6,4	5,42	4,65
VS-Grad in %	103,85	87,95	75,45

Jahren auf einen Hausarzt 2.151 Einwohner kommen bzw. 4,65 Hausärzte 10.000 Einwohner ärztlich versorgen werden, was einer Versorgungsdichte von 75,45 % entspricht. In diesem Fall ist eine adäquate Versorgung der Bevölkerung nicht mehr gewährleistet bzw. es besteht bereits eine Unterversorgung (vgl. detaillierte Berechnung unter www.apollon-hochschulverlag.de/band4dcpba).

Eine Gegenüberstellung der beiden Entwicklungen zeigt die Ausdünnung der Region, wenn der errechnete Worst Case eintritt (vgl. Abb. A-2.8 im Downloadbereich). Wie dabei deutlich zu erkennen ist, gruppieren sich die Praxen verstärkt um die Stadt Ingolstadt und die Kreisstätte Eichstätt, Neuburg (mit Schrobenhausen) und Pfaffenhofen. Erschwerend kommt für den Landkreis Eichstätt hinzu, dass hier die meisten älteren Hausärzte gemeldet sind. Der ländliche Raum ist bereits heute deutlich geringer versorgt als die Städte. Dieser Effekt wird sich mit der Abnahme der Hausarztdichte noch verstärken.

Abbildung 2.14 zeigt die beiden Entwicklungsmöglichkeiten (Best Case und Worst Case) der nächsten 20 Jahre auf einen Blick.

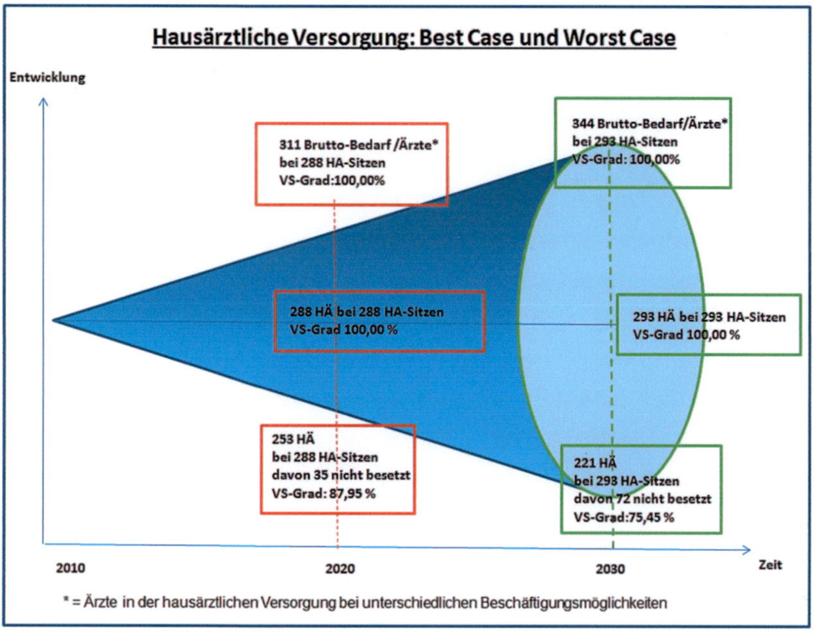

Abb. 2.14: Entwicklung der hausärztlichen Versorgung der Region IngolStadtLandPlus im Best und Worst Case auf Grundlage der 2010 zur Verfügung stehenden Daten

3 Konkretisierung der Aufgabenstellung

Die durchgeführte Literaturrecherche und die Analyse der vorhandenen Statistiken geben ein umfassendes Bild der derzeitigen Situation.

Auf **Makroebene** zeigt sich, dass in Deutschland eine hohe Arztdichte besteht, die sich über die letzten Jahrzehnte kontinuierlich aufgebaut hat. Jedoch ist in den letzten Jahren keine wesentliche Steigerung mehr zu verzeichnen, was auf eine Sättigung hindeuten könnte. Die gesetzlich angestrebte Verteilung zwischen Haus- und Fachärzten wurde lediglich im Jahr 1991 erfüllt. 2010 stellt sich ein entgegengesetzter Trend zugunsten der Fachärzte dar. Hier besteht aus Sicht der Hausärzte Handlungsbedarf.

Die Gesamtversorgung durch Hausärzte liegt in den meisten Bundesländern noch über 100 %. Die Ausnahme bildet Sachsen-Anhalt. Generell besteht ein Sog der Ärzte von Ost nach West, vom Norden in den Süden und vom Land in die Stadt. Um eine weitere Ausdünnung der bereits gering versorgten Regionen zu vermeiden, müssen hier Strategien entwickelt bzw. aufgebaut werden.

Die Anzahl der Medizinstudenten und Absolventen hat sich in den letzten Jahren nicht wesentlich geändert. Auch die Abwanderung von Medizinern in den kurativen Bereich oder ins Ausland ist relativ gleichbleibend. Dennoch kämpft die Allgemeinmedizin um interessierte Mediziner, die nach ihrem Studium die Weiterbildung absolvieren und sich später als Hausärzte niederlassen. Hier werden bereits berufspolitische Lösungen von den unterschiedlichen Arztverbänden gesucht. Rein aufgrund der Altersstruktur der Ärzte und der geburtenstarken Jahrgänge von (1955 bis 1965) wird die Anzahl der ausscheidenden Ärzte bis 2030 relativ hoch sein. Nachfolger stehen damit bei ihrer Entscheidung, wo sie sich niederlassen wollen, vor einer großen Auswahl. Für eine Region bedeutet dies, dass sie konkret um Nachfolger werben und interessante Angebote unterschiedlichster Art für junge Ärzte gestalten muss.

Die Zunahme der älteren Bevölkerung wirkt sich insbesondere auf die Hausarztversorgung aus. Ältere Menschen sind überproportional von chronischen Krankheiten und Multimorbidität betroffen. Ein Wachstum dieser Gruppe wird den Bedarf an hausärztlicher Versorgung unmittelbar steigern. Damit der Bedarf gedeckt werden kann, müssen intelligente Versorgungsstrategien aufgebaut werden. Ziel muss es sein, den Arzt mit seinem Leistungsspektrum effektiv und effizient an einem Standort einzusetzen und ihn gleichzeitig mittels ergänzender Strukturen zu unterstützen. Diese müssen auf der Dienstleistungsseite und auf der nachfragenden Patientenseite aufgebaut werden. Als Beispiel sei die Versorgung der chronisch Kranken genannt, die sich für diese Art der Unterstützung geradezu anbietet.

Der Anteil der Frauen nimmt in der Medizin immer stärker zu. Der Lebensverlauf von Ärztinnen unterscheidet sich von dem der männlichen Kollegen und ist mit dem typischen Karriereverlauf des Mediziners nicht immer kompatibel. Insbesondere die Niederlassung in einer Einzelpraxis, die mit familiären Verpflichtungen oft schwer zu vereinbaren ist, gilt hier als relevanter Faktor, der jedoch auch zunehmend männliche Ärzte betrifft. Die nächste Ärztegeneration der heutigen Berufseinsteiger legt unabhängig vom Geschlecht Wert auf die Ausgewogenheit von Berufstätigkeit, Familie und Freizeit (Work-Life-Balance). Soll die Versorgung einer Region aufrechterhalten bleiben, müssen diese Aspekte in die Lösungsansätze integriert werden. In Städten sind diese Möglichkeiten, wie Krippenplätze usw., aufgrund der bestehenden Infrastrukturen bereits heute nutzbar und stehen den Ärzten zur Verfügung. Ländliche Regionen sind in dieser Weise noch nicht gerüstet. Daher muss für die ländliche Versorgung gezielt eine sich gegenseitig unterstützende Versorgung aufgebaut werden, die jeweils konkret auf die Bedarfe einer lokal begrenzten Einheit abgestimmt ist. Die gesundheitspolitischen Rahmenbedingungen stellen umfangreiche Anforderungen an den praktisch tätigen Arzt. Sofern hier Entlastungsleistungen möglich sind, sollen diese aufgebaut werden.

Auf der **Mikroebene** der Region IngolStadtLandPlus zeigt sich ein ähnliches Bild wie auf der Makroebene. Die gute Versorgungsdichte ist lokal ungleich zwischen Stadt und Land verteilt. Bereits 2010 lag eine geringere Versorgung in den ländlichen Gebieten vor. Dieser Effekt wird sich mit der Abnahme der Hausarztdichte noch verstärken. Die Versorgung auf dem Land birgt die bekannten Probleme, wie lange Fahrzeiten. Unterstützende Dienstleister meiden umsatzschwache Kommunen und stehen somit nicht für eine Zusammenarbeit zur Verfügung. Für die auf dem Land niedergelassenen Ärzte müssen Unterstützungssysteme aufgebaut werden. Hier gilt auf der Mikroebene das Gleiche wie auf der Makroebene.

Aufgrund der positiven wirtschaftlichen Lage der Region IngolStadtLandPlus entwickelt sich sukzessiv ein Wohnraumproblem. Die Wohn- und Baugebiete von Ingolstadt weichen stärker in die Peripherie aus. Wohnraum in der Stadt ist teuer geworden und verschafft den umliegenden Dörfern (im Einzugsgebiet von etwa 30 km) erhöhten Zuzug, der jedoch nicht mit einem entsprechenden Ausbau der Infrastrukturen einhergeht (vgl. Stadt Ingolstadt, 2011b). Hierdurch wird im ländlichen Umland in den nächsten Jahren vermehrt ärztliche Primärversorgung benötigt.

Tabelle 3.1 fasst die Erkenntnisse aus der durchgeführten Analyse in konzentrierter Form zusammen. Hierbei zeigen sich Problemstellungen, die einzig die Makroebene betreffen, denn die Handlungsfelder „Ärzte in Deutschland", „Hausärzte in Deutschland" und die Ausbildung zum Mediziner werden berufspolitisch und gesetzlich auf Bundesebene bestimmt. Ein Großteil der Handlungsfelder betrifft sowohl die Makro- als auch die Mikroebene. Einzig das Handlungsfeld „positive regionale Wirtschaft" bezieht sich auf die Mikroebene.

Tabelle 3.1: Tabellarische Darstellung zur Konkretisierung der Aufgabenstellung

Handlungsfeld	Problemstellung	Handlungsebene
Makroebene betreffend		
Ärzte in Deutschland	• hohe Arztdichte • geringe Steigerungen seit 2000 • Anzahl der Absolventen beständig • dennoch Ärztemangel • Abwanderung in nicht kurative Bereiche und ins Ausland gleichbleibend • Zuwanderung ausländischer Ärzte steigt	• berufspolitisch • gesetzlich • Aus- und Weiterbildung
Hausärzte in Deutschland	• Verteilung Hausärzte zu Fachärzten zugunsten der Fachärzte • regionale/lokale Unterschiede: Braindrain bzw. Staubsaugereffekt von Ost nach West; Nord nach Süd und von dem Land in die Stadt • Allgemeinmedizin von jungen Medizinern als nicht attraktiv eingeschätzt • Heterogenität des Faches Allgemeinmedizin erschwert Identität mit dem Beruf	• berufspolitisch • gesetzlich • Aus- und Weiterbildung

Handlungsfeld	Problemstellung	Handlungsebene
Medizin-studium	• ZVS gesteuerte gleichbleibende Anzahl an Studienplätzen trotz steigender Bewerberzahlen • Allgemeinmedizin nicht im Grundstudium enthalten • geringes Interesse bei Absolventen für Weiterbildung zum Allgemeinarzt	• berufspolitisch • gesetzlich • Aus- und Weiterbildung
Makro- und Mikroebene betreffend		
Altersstruktur der Ärzte	• geburtenstarke Jahrgänge stellen Mehrzahl der Ärzte (1955–1965) • Austritt aus Altersgründen (> 65 Jahre) bis 2030 • große Auswahl für die Nachfolger, wo ihre Niederlassung sein soll	• berufspolitisch • gesetzlich • regional
demografische Entwicklung	• Anstieg der über 65-Jährigen (prozentual und absolut) und damit: – Anstieg hausärztlicher Konsultationen (sechsfach) – Anstieg der Multimorbidität (12-fach mehr Arztkonsultationen)	• gesetzlich • Versorgungsstrukturen – national – regional – lokal/kommunal
medizinischer Fortschritt	• langanhaltende symptomatische Behandlung chronischer Erkrankungen und damit Anstieg dieser • Auftreten von Sekundärerkrankungen und Multimorbidität (s. o.)	• gesetzlich • Leitlinien • Versorgungsstrukturen – national – regional – lokal/kommunal
Frauen in der Medizin	• weiblicher Karriereverlauf in der Medizin • familiäre Unterbrechungen • Bedarfsanstieg bei prozentualer Zunahme von Ärztinnen • Vereinbarkeit von Beruf und Familie (Kinder)	• berufspolitisch • gesetzlich • Aus- und Weiterbildung • Versorgungsstrukturen – regional – lokal/kommunal
Arbeitszeit	• Hausarzttätigkeit erschwert ausgeglichene Work-Life-Balance • männliche Ärzte übernehmen mehr und mehr ebenso familiäre Verantwortung	• berufspolitisch • gesetzlich • Versorgungsstrukturen – regional – lokal/kommunal
Stadt-/Land-versorgung	• erschwerte Arbeitsbedingungen bei oftmals geringerem Einkommen • fehlende Infrastrukturen • fehlende weiche Standortfaktoren • Ausdünnung der ländlichen Regionen	• berufspolitisch • gesetzlich • Versorgungsstrukturen – regional – lokal/kommunal

Handlungsfeld	Problemstellung	Handlungsebene
Mikroebene betreffend		
positive Wirtschaft der Region	• Wohnraumproblem • stärkere Nutzung der ländlichen Randgebiete • hier Mehrbedarf an Primärversorgung bei geringerer Attraktivität für den Arzt	• Versorgungsstrukturen – regional – lokal/kommunal

Zur Bearbeitung der wissenschaftlichen Frage „Wie können notwendige Strategien zur Sicherstellung der hausärztlichen Versorgung einer Region in einem innovativen Pilotprojekt umgesetzt werden?" ist die Mikroebene von besonderer Bedeutung, da die Handlungsansätze darauf abgestimmt werden. Für die Region IngolStadtLandPlus kristallisieren sich zur Sicherstellung der hausärztlichen Versorgung zwei wesentliche Zielsetzungen heraus:

- Die hausärztliche Versorgung langfristig auf 100 % halten.
- Die ländliche Versorgung sichern.

Die nachfolgende Ausarbeitung von Handlungsansätzen orientiert sich an diesen beiden Zielen. Dabei stammen die Ansätze aus den Handlungsebenen der lokalen/kommunalen und der regionalen Versorgungsstrukturen, da nur hier entsprechende Einwirkungen erfolgen können. Selbstverständlich sind über die verschiedenen Verbände berufspolitische Aktivitäten notwendig. Gleichzeitig müssen Veränderungen auf gesetzlicher Seite und zur Aus- und Weiterbildung angestrebt werden. Bis diese allerdings umgesetzt werden und ihre Auswirkungen in der Gesundheitsversorgung bemerkbar sein werden, wird der Rückgang der Hausärzte in der Region bereits deutlich spürbar sein. Daher soll ein Konzept erarbeitet werden, das auf den derzeitig vorliegenden Gegebenheiten aufbaut und relativ zeitnah umgesetzt werden kann. In das Konzept sollen neben wissenschaftlichen Studien und Erkenntnissen auch die Ergebnisse aus den eigens geführten Experteninterviews einfließen (vgl. Kap. 1.3.2). Die Aussagen der Experten stellen damit den direkten Bezug zu den regionalen Besonderheiten und Erfordernissen her.

4 Strategische Handlungsansätze zur Sicherung der hausärztlichen Versorgung der Gesundheitsregion IngolStadtLandPlus

Die strategischen Handlungsansätze dienen der Veränderung in vier Kernbereichen:

- Im ersten Kernbereich steht der **Hausarzt** selbst im Mittelpunkt.
- Den zweiten Bereich bilden das **Ärztenetzwerk** und dessen Nutzungsoptimierung.
- Der dritte Bereich umfasst **unterstützende Versorgungsstrukturen** in Bezug auf die hausärztliche Tätigkeit, aber auch in Bezug auf die Gesundheitsversorgung der Bevölkerung.
- Der vierte Kernbereich richtet sich an die **Kommunen**. In den nachfolgenden Kapiteln werden diese Bereiche einzeln beleuchtet.

4.1 Steigerung der Attraktivität der Hausarzttätigkeit

Damit sich wieder mehr Absolventen für eine Niederlassung als Hausarzt entscheiden, muss die Berufsausübung als solche gefördert werden. Die Unterstützung sollte den Arzt in den unterschiedlichsten Stufen seiner beruflichen Karriere ansprechen, d. h. vom Studenten über den Arzt im Praktikum bis zum Allgemeinmediziner. Die Art der Förderung muss den Bedürfnissen der Nachfolger entsprechen. So benötigen beispielsweise Ärztinnen andere Rahmenbedingungen als ihre männlichen Kollegen. Aus diesem Grund werden die Handlungsansätze breit gefächert angelegt (vgl. Abb. 4.1).

4.1.1 Monetäre Unterstützung

Die Forderung nach finanzieller Unterstützung ist ein zentrales Thema in der Literatur. So verweisen Oberlander et al. in einer bundesweiten Befragung von Medizinern darauf, dass von 1.552 Antworten 74,0 % eine Verbesserung der Honorierung als „sehr dringend" bewerten (vgl. Oberlander et al., 2010, S. 129). Die eigentliche Abrechnung der Hausärzte erfolgt über den Einheitlichen Bewertungsmaßstab (EBM) bzw. die Gebührenordnung für Ärzte (GOÄ). Hier kann regional keine Veränderung bewirkt werden. Die Region muss andere finanzielle Anreize schaffen. Unter dem Motto „Aus der Region für die

Region“ können am Medizinstudium interessierte, sehr gute Abiturienten bereits bei Studienbeginn mit einem Stipendium unterstützt werden. Stipendien können von der gesamten Region oder der Stadt bzw. den einzelnen Kreisen vergeben werden. Als Gegenleistung verpflichtet sich der Stipendiat, in der Region für eine bestimmte Zeit in der ambulanten Versorgung tätig zu sein (vgl. SVR-Gesundheit, 2009, S. 104 ff.). Eine andere Fördermöglichkeit ergibt sich aus Patenprogrammen für Praktika in ländlichen Praxen (vgl. ebd.).

Für den angehenden Hausarzt führt die Neueröffnung bzw. die Übernahme einer bestehenden Praxis zu einer erheblichen finanziellen Belastung (vgl. ebd.). „Ein junger Kollege, der eine Praxis übernimmt“, so Sigfried Jedamzik im Experteninterview, „hat zunächst eine Menge Ausgaben, er muss einen Kredit zurückzahlen, hat auch privat irgendwelche finanziellen Belastungen, dass Kinder da sind [...], das sind Punkte, die für einen jungen Arzt den Beruf momentan unattraktiv machen. Denn die Arbeit, glaube ich, ist es nicht, es gibt sicher auch viele, die Hausärzte werden wollen würden.“ Umfangreiche betriebswirtschaftliche Überlegungen haben somit ebenso maßgebliche Auswirkungen auf die Entscheidung. Das hierzu nötige Wissen ist nicht Bestandteil der medizinischen Ausbildung, weshalb der Existenzgründer auf entsprechende Beratung angewiesen ist. Diese kann vom Ärztenetz angeboten bzw. vermittelt werden.

Abb. 4.1: Strategischer Handlungsansatz: Attraktivitätssteigerung

Ehemalige Praxisräume können durch öffentliche Gelder renoviert und/oder Praxiseinrichtungen dem Nachfolger zur Verfügung gestellt werden. Unter Umständen kann eine Kommune die benötigten Räumlichkeiten stellen. Eine weitere mögliche monetäre Entlastung ist die Kreditvergabe unter günstigeren Konditionen oder verlängerten Laufzeiten von regionalen Geldinstituten.

Spezielle Fördergelder sollten für kooperative Versorgungsstrukturen im ländlichen Raum bereitgestellt werden, da diese – Studien zufolge – besonders hohe Effektivität und Effizienz in der Primärversorgung aufweisen (vgl. SVR-Gesundheit, 2009, S. 421 ff.). Es besteht die Möglichkeit von Zuschüssen vonseiten der gesetzlichen Kassen durch finanzielle Beteiligung an regionalen Projekten zur Förderung der Allgemeinmedizin nach Art. 8 Abs. 5 GKV-Solidaritätsstärkungsgesetz (GKV-SolG) (vgl. BMJ, 2008). Die meisten Versicherten der Region IngolStadtLandPlus sind bei der Betriebskrankenkasse Audi versichert. Die Experten verweisen auf die Wichtigkeit von guten Hausarztverträgen mit dieser Kasse und der Ortskrankenkasse (AOK). Das Ärztenetz ist hier maßgeblich in die Verhandlungen involviert und setzt positive Akzente monetärer Art für die hiesigen Hausärzte. Dass eine Erhöhung der Honorare die Attraktivität des Arztberufs in der ambulanten Versorgung verbessert, wird von den Interviewten nicht generell bestätigt. Sie differenzieren und fordern die Anpassung der Honorare im Osten und Norden der Republik sowie einen Ausgleich für Mehraufwand bei der Betreuung von dünn besiedelten Landstrichen (adäquate Leistungsbezahlung). Ein weiterer Punkt der monetären Unterstützung stellt die Schaffung wirtschaftlicher und finanzieller Sicherheiten und die Reduzierung des Investitionsdruckes gerade für Praxisgründer dar, so die befragten Experten.

4.1.2 Stellung des Hausarztes im Versorgungsgefüge

Zwei Literaturreviews bzgl. der Effektivität und Effizienz der gesundheitlichen Versorgung verweisen explizit auf die guten Ergebnisse von interdisziplinär zusammengesetzten Teams (vgl. Redaèlli et al., 2009; SVR-Gesundheit, 2009). Redaèlli et al. empfehlen, das Prinzip „Skill Mix" anzuwenden, wobei der Arzt die zentrale Rolle im Versorgungsteam innehat.

„Die Autoren sind zusammenfassend der Auffassung, dass ein von Ärzten supervidiertes, interdisziplinäres, multiprofessionelles Versorgungsteam die Idealbesetzung in der ambulanten, gesundheitlichen Versorgung darstellt." (Redaèlli et al., 2009, S. 67)

Der Hausarzt nimmt im Versorgungsgefüge die Funktion des Koordinators ein und bildet einen zuverlässigen Ansprechpartner. Seine Funktion ist nicht per se mit der Rolle eines Gatekeepers[9)] im ökonomischen Verständnis gleichzusetzen (vgl. SVR-Gesundheit, 2009, S. 421). Die befragten Experten bestätigten diese Aussage und sehen den Hausarzt auch in der Rolle als Koordinator. „Ein Koordinator kann auch ein Organisator für die Patienten sein", so die Aussage von Sigfried Jedamzik, was die eigentliche Aufgabe des Hausarztes besser abbilde. Der Hausarzt sitzt nach Meinung der Befragten an der Schaltstelle. Eine generell bessere Positionierung würde auch die Effektivität erhöhen. Um diesen neuen Anforderungen gerecht zu werden, benötigen die Hausärzte Unterstützung zur Erlangung von Kompetenzen in der Organisationsführung und -entwicklung, aber auch in Form von Supervisionen (vgl. SVR-Gesundheit, 2009, S. 427). Diese Aufgabe kann in Kooperation mit übergeordneten Verbänden regional von einem Ärztenetz, wie GO IN, übernommen werden. Die Experten verweisen auf eine Reduzierung des Tätigkeitsspektrums, denn viele Behandlungen, die vor Jahren der Hausarzt gemacht hat, übernehme heute der Facharzt, so die Experten.

4.1.3 Unterschiedliche Entlastungen

Die Studie von Oberlander et al. bestätigt den Wunsch der Ärzte nach dem Angebot von Unterstützungen. Des Weiteren wurde der Bedarf an Akuthilfen in Form von Hotlines oder Ähnlichem genannt (vgl. Oberlander et al., 2010, S. 47 und S. 131). Beides kann, wenn es über eine Organisation wie ein Ärztenetz angeboten wird, flächendeckend vielen Hausärzten zur Verfügung gestellt werden.

---

9 Unter Gatekeeper „verbirgt sich die aus dem Bereich der Ökonomie stammende Vorstellung, dass eine gezielte Zugangssteuerung zur Krankenversorgung angesichts knapper Mittel den größten Nutzwert für das Gesamtsystem darstellt. [...] Bei der ‚Gate-Keeper'-Funktion steht folglich Selektion und Zugangssteuerung im Vordergrund" (Ewers, 2005, S. 69).

Gerade in der ländlichen Region verspricht die Einrichtung von Fahrdiensten eine Entlastung. So können Patienten in die Praxis gebracht werden, die ansonsten auf Hausbesuche angewiesen wären. Für den Hausarzt lassen sich die Anfahrten auf das notwendige Minimum reduzieren. Die Fahrdienste können koordiniert für mehrere Kommunen von diesen eingerichtet oder an bestehende, z. B. Schülertransporte, gekoppelt werden.

Die Experten erklären, wie wichtig die zeitliche Entlastung sei, und verweisen dabei auf den Nutzen von unterschiedlichen Praxis-Zusammenschlüssen und von Zeit- und Organisationsmanagement. Anton Böhm plädiert für „Zeitmanagement einfach durch die Strukturen, die geschaffen werden sollten, Gemeinschaftspraxen, größere Zusammenschlüsse, um Freiräume möglich zu machen, ohne die Patientenversorgung zu gefährden [...].“ Aber auch die unter dem Punkt „Monetäre Unterstützung“ besprochenen Förderungen stellen nach Meinung der Befragten eine Entlastung dar, weil sie den Investitionsdruck und die damit verbundenen Belastungen reduzieren. Von allen wird der hohe bürokratische Aufwand beklagt. Hier wünschen sich die Befragten Entlastungen gleich welcher Art.

4.1.4 Wiedereinstieg

Der hohe weibliche Anteil in der Ärzteschaft verbunden mit dem zu erwartenden Bedarf an Ärzten macht den Wiedereinstieg von Frauen nach einer kinderbedingten, kürzer- oder längerfristigen Berufsunterbrechung unabdingbar. So fordert die Arbeitsgemeinschaft der obersten Landesgesundheitsbehörden in ihrer These XVI zur Versorgungssicherung, den Wiedereinstieg zu erleichtern (vgl. Arbeitsgemeinschaft der obersten Landesgesundheitsbehörden, 2008, S. 28 f.). Ein Vorschlag ist das gezielte Ansprechen von Ärztinnen nach der Familienphase. Aber bereits in der Familienphase können fachbezogene Kurse besucht werden. Entsprechende Angebote liegen bereits bei den Landeskassenvereinigungen vor, z. B. von der KBV (vgl. KBV, 2011). Gleichzeitig können für andere Praktizierende Urlaubsvertretungen übernommen werden. Die notwendige Koordinierung kann das regionale Netzwerk übernehmen. Dies hat die Vorteile, dass die unterbrechenden Ärzte weiterhin in der Berufspraxis bleiben können, der spätere Wiedereinstieg erleichtert wird, die Kontakte innerhalb der regionalen Ärzteschaft gefördert und über das Ärztenetz koordinierend unterstützt und gesteuert werden. Gezielte regionale Frauenförderpläne können von den Kommunen verabschiedet werden.

Das Thema Wiedereinstieg und Familie ist zwangsläufig eng an die Möglichkeiten der Kinderbetreuung, in welcher Form auch immer, gekoppelt. Die Kommunen des Freistaates müssen sich hierzu am Bayerischen Kinderbildungs- und -betreuungsgesetz (BayKiBiG) orientieren. Die Gesamtverantwortung ist jedoch bei den Landkreisen und kreisfreien Städten verankert (vgl. Bayerisches Staatsministerium für Sozialordnung, Familie und Frauen, o. J.). Konkret besteht ab dem Jahr 2013 das Recht auf einen Krippenplatz ab dem vollendeten ersten Lebensjahr bis zum vollendeten dritten Lebensjahr des Kindes (vgl. BMFSFJ, 2008). Entsprechende Anstrengungen haben in bayerischen Städten bereits eine gute Basis der Kindertagesbetreuung geschaffen. In den Landkreisen werden die zurzeit noch fehlenden Möglichkeiten der Kinderbetreuung aufgebaut. Dies ist aufgrund des wirtschaftlichen Wachstums der Region und der damit verbundenen Zuwanderung in die Randgebiete dringend notwendig. Damit wird auch für die Ärzte die Kinderbetreuung in den ländlicheren Gebieten gesichert.

Ebenso unabdingbar für den Wiedereinstieg bzw. die Berufstätigkeit mit Familie sind flexible und somit familienkompatible Arbeitszeiten. Die Vorstandsvorsitzende der Kassenärztlichen Vereinigung Schleswig-Holstein fordert, im ambulanten Bereich attraktive Arbeitsbedingungen zu schaffen, denn nur so würden die drohenden Versorgungslücken speziell in den ländlichen Regionen zu schließen sein. Attraktive Arbeitsbedingungen orientieren sich an den Lebensplanungen von Frauen und der besseren Vereinbarkeit von Familie und Beruf (vgl. Kreuz, 2011). Die Ergebnisse der von Oberlander et al. durchgeführten Studie bestätigen diese Angaben. 86,0 % der befragten 1.541 Ärzte sehen in der Bereitstellung von Kinderbetreuungsangeboten die wichtigste Maßnahme zum Wiedereinstieg, gefolgt von der Möglichkeit der Teilzeitarbeit (77,8 %) (vgl. Oberlander et al., 2010, S. 135).

Die unterschiedlichen Niederlassungsoptionen und Arbeitsmodelle bieten die Möglichkeit, Arbeitssituationen individuell anzupassen und so eine zeitgemäße Work-Life-Balance zu schaffen (vgl. KBV, 2011, S. 4 ff.). Obwohl die Thematik des Wiedereinstiegs vorwiegend Ärztinnen anspricht, gelten die

Anregungen für beide Geschlechter, da immer mehr Väter Erziehungszeiten in Anspruch nehmen.

Die befragten Experten bestätigen, dass viele Möglichkeiten des Wiedereinstiegs bestehen und weitere auf allen Ebenen der Verbände vorangetrieben werden. Regionale Netzwerke können unterstützend wirken, indem sie als Kommunikationsplattform dienen, Beratungs- und Koordinationsdienste anbieten und langfristige, vorausschauende Planungen durchführen. Der Wiedereinstieg sei zudem durch eine Anstellung in großen Praxiseinheiten leichter umzusetzen, so die Experten.

4.1.5 Nachfolgersicherung

Der Handlungsansatz, unterschiedliche Arbeitszeit- und Zusammenarbeitsmodelle von Hausärzten zu nutzen, unterstützt gleichzeitig die Sicherung der Nachfolge. Viele Mediziner sehen eine Tätigkeit im Angestelltenverhältnis als attraktive Alternative zur Niederlassung in einer Einzel- oder eigenen Praxis (vgl. SVR-Gesundheit, 2009, S. 101; Kreuz, 2011). Da von Studierenden der Charité als Hauptursache für die Entscheidung gegen die Allgemeinmedizin die antizipiert schlechten Arbeitsbedingungen genannt werden, kann hier über Arbeitszeitmodelle korrigierend reguliert werden (vgl. SVR-Gesundheit, 2009, S. 101). Die schrittweise Übergabe einer Praxis ist eine weitere Möglichkeit. Der noch Praktizierende reduziert sukzessive seine Arbeitszeit, während im Gegenzug der Nachfolger seine erhöht. Darüber hinaus müsse man, so Thomas Oppel, zwischen Abgebendem und Nachfolger „eine Schnittstelle schaffen [...], [so]dass dieser Prozess von einem Mediator mit begleitet wird. Das ist, glaube, ich, der wichtigste Faktor und natürlich auch der Netzwerkgedanke". Entsprechend sollte die finanzielle Abfindung angepasst werden. Generell kann eine solche zeitliche Streckung der Übernahme für den Nachfolger die Finanzierung erleichtern. Die in Kapitel 4.1.1 erwähnte Übernahme von Patenschaften könnte so insbesondere den ländlichen Praxen ermöglichen, junge Mediziner zu binden.

Einer der Experten verweist im Interview darauf, dass er zurzeit in seiner Praxis eine Ärztin stundenreduziert beschäftige und dass geplant sei, dass diese später seine Praxis übernehme. Eine solche Art der Zusammenarbeit orientiert sich auch an der Biografie des Einzelnen. Während des familienintensiven Zeitraums (30. bis 45. Lebensjahr) kann die Arbeitszeit reduziert werden und, sobald durch die Selbstständigkeit der Kinder wieder mehr Freiraum entsteht, der Arzt die wöchentliche Stundenzahl wieder erhöhen. Diese Lösung bietet sowohl für den Nachfolger als auch für den ausscheidenden Arzt eine hohe Planungssicherheit. Des Weiteren schlagen die Experten eine Unterstützung bereits im Studium vor und können sich Stipendien unter Vorbehalt vorstellen. Als sinnvoll erachten sie Nachwuchsrekrutierung über das Ärztenetz, um einen „Nachwuchspool" aufzubauen. Weiterhin sollte das Netzwerk beratende Dienste für junge Mediziner ebenso wie für ausscheidende Ärzte zur Verfügung stellen. Eine attraktive Region mit einem aktiven Ärztenetz wird genau wie die weichen Standortfaktoren als gute Basis zur Werbung junger Ärzte angesehen, denn wichtig sei es, so Willi Bräunlein, „dass man als Region zusammenhält, dass ein Hausarzt, der hierher kommt, sich hier aufgehoben fühlt [...] dass die Familien sich aufgehoben fühlen, dass sie gut integriert sind".

4.2 Wirkungsvollere Nutzung von Netzwerken und Kooperationen

Seit dem Jahr 2000 haben sich Haus- und Fachärzte der Region IngolStadt-LandPlus im Praxisnetz GO IN organisiert. Die Gesellschaft umfasst heute 490 niedergelassene Ärzte der Stadt Ingolstadt und der drei umliegenden Landkreise. Neben Notfallpraxen unterhält das Netz eine Geschäftsstelle mit Schulungsräumen. Von hier werden verschiedene Dienste für Patienten, z. B. Diabetes-Schulungen, geleistet. Im Mittelpunkt steht aber die vielschichtige Unterstützung der Ärzte in den unterschiedlichsten Bereichen, wie Arbeitnehmervermittlung, Internetportal, Informationen per Internet, Schulungen, Fortbildungen und Qualitätszirkel, um nur einige Möglichkeiten des umfangreichen Leistungsportfolios zu nennen. Darüber hinaus unterstützt das Ärztenetz die Zusammenarbeit zwischen dem stationären und ambulanten Bereich und schließt Direktverträge mit den regionalen Krankenkassen ab (vgl. GO IN, o. J.). Aufbauend auf der bestehenden, sehr guten Ausgangssituation bietet das Netz daher geradezu ideale Voraussetzungen für die Etablierung von Handlungsansätzen (vgl. Abb. 4.2).

Abb. 4.2: Strategischer Handlungsansatz: Netzwerke & Kooperationen

4.2.1 Zusammenarbeit

Die Verbesserung der Kommunikation unter den Dienstleistern und die Koordinierung von Schnittstellen sind Maßnahmen, die die Zusammenarbeit in den letzten Jahren deutlich verbessert haben. Dieser Entwicklungsschritt wird durch Veränderung in der personellen Zusammenarbeit ergänzt. Die Einzelpraxis wird vermehrt von Kooperationsformen abgelöst, vor allem in Verbindung mit einer Praxisabgabe. Haag und Spann sehen Praxisnetze als Motor, um regionale und lokale Kooperationen zu etablieren. Über die Koordination eines Netzes können Teil-Berufsausübungsgemeinschaften aufgebaut werden. Mit deren Unterstützung kann eine ehemalige Arztpraxis als Filiale am alten Standort weiterhin betrieben werden. Für den unterversorgten ländlichen Raum können so Insellösungen aufgebaut werden. Hierzu behalten interessierte und betroffene Praxen ihre ursprünglichen Standorte, werden aber betriebswirtschaftlich gebündelt und über eine überörtliche Berufsausübungsgemeinschaft (kurz ÜBAG) versorgt. Von solchen Subsystemen, die es bisher noch nicht in Reinform, sondern lediglich im Sinne der Übernahme und Bildung von Praxisfilialen gibt, versprechen sich die beiden Gesundheitsmanager eine Sicherung der Patientenversorgung bei großer

Flexibilität (vgl. Haag; Spann, 2011, S. 2). Das Konzept kann eine Lösungsmöglichkeit für die ländlicheren Gebiete sein. Dem Bedarf entsprechend können so nach und nach wirtschaftlich autarke ÜBAGs aufgebaut werden. Aus dem Netzwerk können sich Initiativen zur Bildung von Berufsausübungsgemeinschaften entwickeln. Die hierzu benötigte Vermittlung kann über die Zentrale des Ärztenetzwerks in Ingolstadt erfolgen, die bei Bedarf auch professionelle Hilfe anbieten kann.

Die bestehenden, von der GO-IN-Geschäftsstelle koordinierten Leistungen können um folgende Maßnahmen/Möglichkeiten erweitert werden:

- Ansprechpartner für die Vermittlung ärztlicher Mitarbeiter, Wiedereinsteiger, Urlaubsvertreter etc.
- Vermittlung von Patenprogrammen, AiP-Stellen etc.
- Angebot und Vermittlung von Mentoren oder Coaches für Praxisgründer
- Beratungsangebote zu Finanzierung, Regressansprüchen, Abrechnung, wirtschaftlicher Praxisführung etc.
- Übernahme organisatorischer und koordinierender Aufgaben
- Unterstützung der schrittweisen Praxisabgabe

Die befragten Experten bestätigen die gute Netzwerktätigkeit von GO IN, können sich jedoch noch Erweiterungen des Tätigkeitsfelds vorstellen, z. B. „ein Schnittstellenmanagement und Behandlungspfade. So lässt sich auch für den Arzt ein Wohlfühlfaktor herstellen“, urteilt Thomas Oppel. Controlling und Monitoring wären sinnvoll ebenso wie eine zentrale Patientenevaluation. Nach Meinung der Befragten könnten mithilfe des Netzes größere Praxiskooperationen initiiert werden, die die ländliche Versorgung sichern, und sich die Ärzte im Netz durch gebildete Kompetenzkreise wie „Think Tanks“ untereinander beraten.

4.2.2 Kommunikation

Da viele niedergelassene Ärzte bereits Mitglieder der Gesundheitsorganisation sind, ist sie die ideale Kommunikationsplattform. Vor allem die sich abzeichnende Entwicklung der hausärztlichen Versorgung und die zu erwartenden Konsequenzen müssen den Kommunalpolitikern in aller Klarheit nahegebracht werden. Wünschenswert wäre, dass die Kommunen im Austausch mit dem Netzwerk umsetzbare Lösungen erarbeiten. Die Kommunikation beinhaltet auch eine Stärkung der regionalen Berufspolitik, insbesondere die der Allgemeinärzte. Das hohe Ansehen dieser Ärztegruppe soll weiterhin gefördert werden.

Zur Werbung junger Medizinabsolventen sollen Vertreter des Ärztenetzes direkt an Universitäten oder auf Absolventenmessen über die Region, die Zusammenarbeit und die unterschiedlichen Unterstützungsmöglichkeiten informieren.

Auch wenn viele der derzeitigen Hausärzte sich gegen die elektronische Vernetzung aussprechen, müssen für die enge Zusammenarbeit adäquate Informationstechniken zur Verfügung stehen. Die Förderung dieser Entwicklung kann ein Ärztenetz übernehmen. Der Sachverständigenrat fordert hierzu, dass die derzeit völlig unzureichende Technik, die nur auf eine Abrechnungsbegründung zielt, abgelöst wird. Eine Informationstechnik für die moderne Hausarztpraxis muss primärärztliche Funktionen unterstützen (vgl. SVR-Gesundheit, 2009, S. 103).

Die regionalen Befragungen der Experten zeigen die Notwendigkeit, eine Schnittstelle zwischen interessierten Nachwuchsärzten und ausscheidenden praktizierenden Ärzten zu schaffen. Des Weiteren sollten über das Netzwerk die berufspolitische Kommunikation mit Studenten und jungen Ärzten gesucht, der Beruf des Hausarztes positiv dargestellt und Perspektiven kommuniziert werden. Über das Netz können die ländlichen Ausläufer stärker eingebunden werden. Besonders wichtig erscheint, mit Blick auf die Interviewergebnisse, die regionale Vertretung der Berufsgruppe gegenüber den Kommunen, der Stadt und den Landkreisen.

4.3 Entwicklung neuer Versorgungsstrukturen

In der Definition der hausärztlichen Versorgung wird im Sozialgesetzbuch neben den ärztlichen Leistungen auf die koordinierende Aufgabe der Hausärzte hingewiesen (vgl. BMJ, 2011). Vor dem Hintergrund des demografischen Wandels fordern Wissenschaftler ein Umdenken in der medizinischen Versorgung (vgl. Abb. 4.3).

Abb. 4.3: Strategischer Handlungsansatz: neue Versorgungsstrukturen

Nicht die Heilung wird für eine ältere, multimorbide Gesellschaft das Hauptanliegen sein, sondern die Stabilisierung des Zustands eines Patienten (vgl. Müller von der Grün, 2011, S. 7). Die Versorgung soll zur individuellen Selbstständigkeit durch die Unterstützung der kognitiven und physischen Ressourcen beitragen. In den Leitprinzipien für das Case Management der Deutschen Gesellschaft für Care und Case Management e. V. (dgcc) wird mit den Grundlagen der Mehrdimensionalität des Menschen[10)], der Ressourcenorientierung[11)] sowie dem Empowerment[12)] ein ähnlicher Ansatz beschrieben (vgl. Mennemann et al., 2009, S. 11). Die Wissenschaftler der Universität Greifswald sehen darin den eigentlichen Paradigmenwechsel. Die Form der Versorgung führt konsequenterweise weg von der arztzentrierten und hin zu einer sich am Bedarf des Einzelnen orientierenden Struktur (vgl. Müller von der

10 „Mehrdimensionalität des Menschen drückt die Berücksichtigung im Hilfeprozess relevanter psychischer (seelischer, emotionaler, kultureller und kognitiver), physischer, sozialer, organisationsbezogener und örtlicher Merkmale des Adressaten/Klienten aus.“ (Mennemann et al., 2009, S. 11)

11 „Ressourcenorientierung bezeichnet im Gegensatz zur Defizitorientierung die prioritäre Ausrichtung des Hilfeangebotes an der Gesamtheit der vorhandenen Fähigkeiten/Fertigkeiten des Adressaten/Klienten, der vorhandenen personellen und materiellen Hilfen, um diese zur Lösung einer bestimmten Aufgabe so weit wie möglich zu erhalten und zu stärken sowie gegebenenfalls auszubauen.“ (Mennemann et al., 2009, S. 11)

12 „Empowerment im Sinne der Selbstbefähigung des Menschen beinhaltet die Förderung selbstbestimmten Handelns durch Ermutigung, Informationsvermittlung, Beratung und Unterstützung. Eigenkräfte und Kompetenzen werden gefördert, um dadurch die Adressaten/Klienten in ihren Handlungen zu bestärken. Im Rahmen des CM gehört dazu wesentlich die Förderung der Motivation, notwendige Angebote in Anspruch zu nehmen.“ (Mennemann et al., 2009, S. 11)

Grün, 2011, S. 7). Diesem Paradigma wird auch der Begriff der Primärversorgung[13] gerecht. „Die hausärztliche Versorgung erfüllt im deutschen Gesundheitswesen wesentliche Funktionen der gesundheitlichen Primärversorgung." (SVR-Gesundheit, 2009, S. 95) Die WHO stellt in ihrem 2008 veröffentlichten World-Health-Bericht im dritten Kapitel „Primary care – Putting people first" das Versorgungsteam als Drehkreuz der Koordination[14] vor (vgl. WHO, 2008, S. 55). Die Einbettung dieses Teams verdeutlicht die nachfolgende Abbildung 4.4.

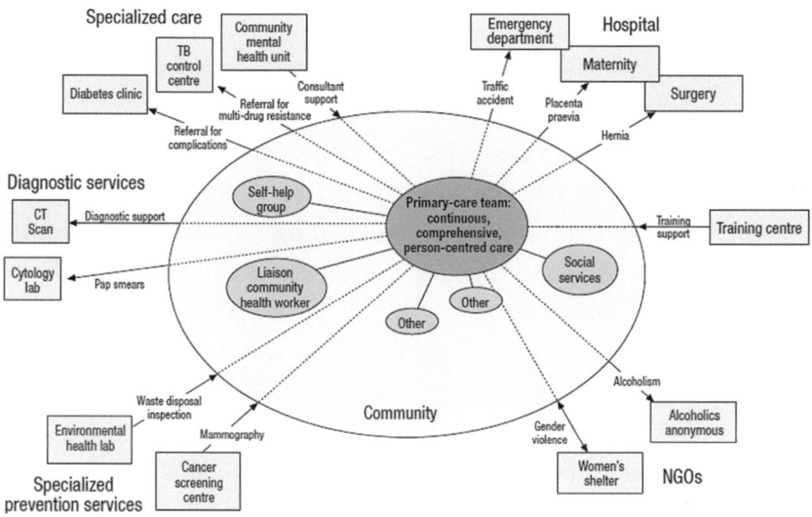

Abb. 4.4: Primärversorgung als Drehkreuz der Koordination im Netzwerk interner und externer Partner (WHO, 2008, S. 55)

Nach internationalen Übersichtsarbeiten, in denen mehr als 1.000 Studien betrachtet wurden, sind für die allgemeinmedizinische Versorgung insbesondere die Elemente Zugang, Kontinuität, Arzt-Patienten-Beziehung und Koordinierung von Bedeutung (vgl. SVR-Gesundheit, 2009, S. 98 f.). Qualitativ hebt sich der Allgemeinarzt bei chronischen Erkrankungen vom Spezia-

13 Unter der Primärversorgung wird ein „Bereich medizinischer Grundversorgung [verstanden], in dem die primäre [...] umfassende und individuelle Versorgung aller Gesundheitsanliegen erfolgt. Die Primärversorgung umfasst die niedrigschwellige Betreuung auch durch andere Gesundheitsberufe und auch innerhalb von Familien sowie kommunalen Strukturen. International: primary (health) care" (SVR-Gesundheit, 2009, S. 95).

14 „The primary care team as a hub of coordination." (WHO, 2008, S. 55)

listen ab. Auch bei der Kosteneffizienz schneidet die hausarztorientierte Versorgung, mit Ausnahme von einzelnen komplizierten Verläufen, besser ab (vgl. ebd.).

Das Team der Primärversorgung führt die zentrale Steuerung durch. Ergänzend werden die im kommunalen Angebot zur Verfügung stehenden professionellen sowie nicht professionellen Dienstleister genutzt. Die Community-Leistungen sind in ein umfangreiches, externes Leistungsangebot eingebettet, auf das im Bedarfsfall zurückgegriffen werden kann. Gerade die ländlichen Regionen können davon profitieren, wenn eine allgemeine multidisziplinäre Versorgung lokal angeboten wird. Stationäre Einrichtungen für die Akutversorgung und Fachärzte können weiterhin in den größeren Städten aufgesucht werden.

Eine studentische Arbeitsgruppe der Universität Bielefeld hat in ihrer Untersuchung Community Health Assessment für Bielefeld-Schildesche die Kooperation und Vernetzung der lokalen Leistungserbringer untersucht. Sie schildern die Zusammenarbeit, die exemplarisch auch für andere Regionen stehen kann, als eine Absprache zwischen den verschiedenen Leistungsanbietern. Dabei handelt es sich aber nicht um eine „echte Kooperation“ und es erfolgt keine Zielabstimmung im Sinne des Nutzers. Sie kritisieren, dass durch die Wahrung von Partikularinteressen eigentlich erreichbare Ziele nicht verwirklicht werden können (vgl. Brzoska et al., 2008, S. 71). Engels verweist auf die Notwendigkeit von durchgängigen Behandlungsketten, bei denen der Hausarzt im Zentrum steht, wie sie z. B. die Integrierte Versorgung bewirken könnte (vgl. Engels, 2004, S. 26).

Ein Mehrbedarf an ärztlichen Leistungen bei tendenziell weniger Ärzten führt zu einer stärkeren Belastung der praktizierenden Ärzte. Konsequenterweise muss der einzelne Arzt entlastet werden. Im Idealfall erfolgt dies in einem Team, wie es das Primary-Care-Team darstellt. Dabei stehen, wie die Studie von Oberlander et al. nachweist, Ärzte dieser Teambildung durchaus positiv gegenüber. 70,3 % der 620 befragten, ambulant tätigen Ärzte beurteilen die Teamarbeit als wichtigsten Faktor zur Verbesserung der Attraktivität des „klassischen“ Arztberufs (vgl. Oberlander et al., 2010, S. 144 f.). Eine weitere Möglichkeit stellt das Delegieren von Maßnahmen an nicht ärztliches Personal dar.

4.3.1 Delegieren an nicht ärztliche Dienstleister

Harald Herholz, Vorstandsreferent der KV Hessen und selbst Arzt, schätzt, dass ein Drittel der ärztlichen Leistungen delegierbar sind. Der Arzt wird sich zukünftig immer mehr auf seine eigentliche Tätigkeiten konzentrieren: das Stellen von Diagnosen und das Therapieregime (vgl. Müller von der Grün, 2011, S. 9). Es bestehen bereits verschiedene Formen der Entlastung, wie das Konzept „AGnES" (Arztentlastende, gemeindenahe, E-health gestützte, systemische Intervention) oder „VERAH" (Versorgungsassistentin für die Hausarztpraxis). Sinnvoll ist eine Delegation nur, wenn sie tatsächlich Effektivität und Effizienz in der ambulanten Versorgung bewirkt. Eine Expertise im Auftrag der Bundesärztekammer hat diesbezüglich differenzierte Ergebnisse geliefert, die aufzeigen, dass kein pauschales Fazit gezogen werden kann. Gemäß Tabelle 4.1 gibt es Bereiche, in denen ein Mediziner erfolgreicher ist, und andere, in denen ein multidisziplinäres Team effektiver und effizienter versorgt (vgl. Redaèlli et al., 2009, S. 38 ff.). Hier gilt es jedoch zu bedenken, dass in strukturschwachen Regionen auch die unterstützenden Dienstleister nur in begrenzter Anzahl zur Verfügung stehen und damit auch ein Delegieren nur bis zu einem gewissen Grad realisierbar wäre.

Für eine strukturstarke Region wie IngolStadtLandPlus ist es hingegen durchaus sinnvoll, multidisziplinäre Teams dieser Art aufzubauen, da das bestehende Ärztenetz bereits gute Bedingungen zur Implementierung von neuen Versorgungsstrukturen bietet. Die ländlichen Randgebiete könnten über Zweitpraxen weiterhin versorgt werden, sofern die Ärzte durch zuarbeitende und entlastende Teams unterstützt würden. Mit der Delegation von Aufgaben stellt sich für den Arzt die Frage nach der rechtlichen Sicherheit. Diese gliedert sich in drei Ebenen. Grundsätzlich delegationsfähig sind Leistungen, die fester Bestandteil der Ausbildung der nicht ärztlichen Berufsgruppen sind. Ob Arbeiten im Einzelfall delegationsfähig sind, unterliegt bestimmten Bedingungen. Sind diese nicht gegeben, wird die Arbeit juristisch als nicht delegationsfähig bezeichnet. Nicht delegationsfähig sind alle Leistungen, die vom Arzt persönlich zu erbringen sind (vgl. Redaèlli et al., 2009, S. 55 ff.). Daneben sind haftungsrechtliche, sozialrechtliche und strafrechtliche Aspekte zu beachten. Auch aus diesem Grund sprechen sich Redaèlli et al. für die ärztlich supervidierte, multiprofessionelle Praxis als die beste Lösung aus (vgl. ebd.).

Tabelle 4.1: Beste Ergebnisse nach Effektivität und Effizienz zum Entlastungspotenzial auf Grundlage eines von der Bundesärztekammer in Auftrag gegebenen Literaturreviews internationaler Studien (Daten: Redaèlli et al., 2009, S. 38 ff.)

Beste Ergebnisse zum Entlastungspotenzial nach Effektivität und Effizienz			
Leistungsumfang	**Arzt**	**NP**	**MP**
Prozess- und Ergebnisqualität	X	X	
Standardversorgung („usual care“)	X	X	
bei steigender Komplexität des Krankheitsbildes und Case Managementbedarf		X	
Patientenzufriedenheit (alle Patienten)		X	
Patientenzufriedenheit (alte Patienten), ziehen aber Arztkonsultation vor		X	
chronische Erkrankungen: Diabetes, Herzinsuffizienz, KHK, Asthma, COPD, Depressionen, Krebs, HIV, Harninkontinenz, Rheuma, Schmerzmanagement		X	X
betagte multimorbide Patienten, unter Einschränkung, da keine eindeutige Auswertung			X
Distanzversorgung mit telemedizinischer Unterstützung steigt mit Komplexität		X	X
Visitationen/über das Krankheitsbild hinausgehende Anamnesen		X	
Erstkontakt	X	X	
Nachfolgekontakte		X	
kommunikationsintensive Bereiche		X	
diagnostische Maßnahmen nach zusammengeführten Anamnesen, teambasierte Diagnostik, Prävention/Screening			X
Abstimmung therapeutischer Maßnahmen (insbesondere bei hoher Komplexität)		X	
Sekundärprävention, präventive Maßnahmen und Screening-Strategien		X	X
medikamentöse Unterstützung des Krankheitsbilds	X		X
ökonomische Auswirkungen	keine konkreten Ergebnisse, NP wegen Lohnkosten günstiger, aber höherer Ressourcenverbrauch, daher keine primäre Kosteneffizienz bei fehlender Trennschärfe, weitere Studien nötig		
Patientensicherheit	keine signifikanten Unterschiede, insbesondere wenn Unterstützungssysteme genutzt wurden		

(NP = nicht ärztliche Profession; MP = multidisziplinäres Team, schließt eigenständige/eigenverantwortliche Tätigkeit von NP mit ein, steht grundsätzlich, zumindest zeitweise unter Supervision des Arztes)

Bei der von Oberlander et al. durchgeführten Studie haben 38,2 % der 731 befragten, ambulant tätigen Ärzte bestätigt, dass sie der Delegation von ärztlichen Leistungen positiv gegenüberstehen. Genannt wurden insbesondere Verwaltungs- und Dokumentationsaufgaben, gefolgt von Hausbesuchen und kurativen Routinearbeiten (vgl. Oberlander et al., 2010, S. 108 ff.). Diese Punkte werden auch unter der Thematik der zukünftigen, flächendeckenden, ärztlichen Versorgung als äußerst wichtig angesehen. Von den befragten 1.554 Ärzten schätzen 72,0 % die Stärkung der Aufgabendelegation als sehr erfolgversprechend ein (vgl. ebd.).

Die im Rahmen der Untersuchung befragten Experten lehnen die Delegation nicht generell ab, sondern geben einige Faktoren zu bedenken: Die fachliche Qualifikation müsse gewährleistet sein, neben den rechtlichen seien die menschlichen Konsequenzen zu beachten. Die Delegation mache nur Sinn, wenn sie eine tatsächliche Entlastung bringe, d. h. „wenn erstens Information für den Arzt nicht verloren geht [...] und wenn sie tatsächlich eine zeitliche Entlastung darstellt", so Anton Böhm. Die Prozesse sollten zudem kontrollierbar sein und unter ärztlicher Leitung erfolgen.

4.3.2 Aufbau umfassender medizinscher Versorgungsangebote

Der Sachverständigenrat zur Begutachtung der Entwicklung im Gesundheitswesen fordert die interdisziplinäre Kooperation bei Prävention, Rehabilitation, Arzneimittelversorgung und Leistungen von sozialen Einrichtungen und Patientenorganisationen (vgl. SVR-Gesundheit, 2009, S. 93). Vier Jahre (1992 bis 1996) wurde ein Modellvorhaben durchgeführt, das dem multidisziplinären Teamansatz und der Versorgung älterer Menschen Rechnung trug: Das **P**rojekt **A**mbulantes **G**erontologisches **T**eam (PAGT) wurde wissenschaftlich begleitet und ausgewertet (vgl. Döhner et al., 2002, S. 13 f.). Das gerontologische Team setzte sich aus einem Hausarzt, einem Patientenbegleiter und einem Koordinator zusammen (vgl. Döhner, 1998, S. 196 ff.), wobei der Patientenbegleiter und der Koordinator Tätigkeiten in Bezug auf den einzelnen Patienten und die gesamte Arbeit durchführten. Im Projekt zeigte sich, dass ein (alter) Patient in unterschiedlichen Phasen Unterstützung aus verschiedenen Versorgungsbereichen benötigt (vgl. Abb. 4.5). Für eine optimale Versorgung, d. h. Vermeidung einer Über- und Unterversorgung, muss-

Abb. 4.5: Versorgungsbereiche (Döhner et al., 2002, S. 21)

ten diese Leistungen koordiniert werden, idealerweise durch einen Case Manager.

Die Ergebnisse des Modells wurden von allen Beteiligten als sehr positiv beurteilt (vgl. ebd.). Das Projekt PAGT forderte darüber hinaus eine Vernetzung im Gemeinwesen und bei den Kostenträgern. Aber gerade hier, an der Verantwortungsverschiebung der Kostenträger, scheiterte das Modell und steht daher, trotz sehr guter Ergebnisse, der Regelversorgung nicht zur Verfügung (vgl. ebd.).

Ein multidisziplinäres Team sollte von den unterschiedlichen, modernen Kommunikationsmitteln und Systemen unterstützt werden. Auch wenn die Vernetzung von Daten und E-Health unterstützende Geräte noch auf Skepsis unter den Medizinern treffen, ist ein umsichtiger Einsatz berechtigt und arbeitserleichternd. Gerade in den ländlichen Gebieten können elektronische Überwachungsgeräte die ärztliche Versorgung erleichtern und dem Patienten mehr Sicherheit gewährleisten, wobei die Telemedizin noch unzureichend genutzt wird und die Handhabung der Telecare-Produkte oftmals unpraktisch ist (vgl. Müller von der Grün, 2011, S. 8).

Einer der Experten sieht es als dringend notwendig an, solche Versorgungsangebote aufzubauen, da ansonsten das Niveau des deutschen Gesundheitssystems nicht gesichert werden könne. Allgemein wird der Aufbau einer umfassenden Versorgung befürwortet. Der Hausarzt sollte vor Ort verankert sein. Transparenz und Praxismanager werden von den Befragten für wichtig gehalten; die ärztliche Leistung sollte als wertvolle Ressource adäquat eingesetzt und nicht verschwendet werden.

4.3.3 Integration allgemeiner Dienstleistungsangebote

Ergänzend zur medizinischen Versorgung sind für die Gesundheit einer Bevölkerung auch nicht medizinische Einflussfaktoren, wie gesundheitsrelevante Verhaltensweisen, die soziale und physikalische Umwelt und personale bzw. soziale Ressourcen von Bedeutung (vgl. Scheidt-Nave, 2008, S. 210 ff.). Diese können den Erfolg der ärztlichen Leistungen entscheidend beeinflussen. Daher ist es sinnvoll, bestimmte Dienstleistungsangebote ortsnah zu Hausarztpraxen anzubieten und letztere so in die Gesamtversorgung einzubetten. Dabei muss sich das jeweilige Angebot an den örtlichen Bedingungen und dem Bedarf orientieren. So kann z. B. für die eine ländliche Region der Aufbau eines Fahrdienstes dringend notwendig sein, während andere Orte über Nahverkehrsmittel gut angebunden sind. Die befragten Experten können sich hier eine Kombination mit einer zentralen Einrichtung, z. B. einem Gemeindehaus, vorstellen. In dieser sozialen Anlaufstelle sollte eine Kundenbetreuung für die Ärzte und deren Mitarbeiter gewährleistet werden. Räume könnten dual von externen, mobilen Anbietern genutzt werden, z. B. von einer Patienten-/Angehörigen-Beratung. Hier könnten gewünschte Synergieeffekte im Netz geschaffen werden.

4.4 Kommunale Unterstützung

Für die zuvor genannten Bereiche ist die finanzielle sowie strukturelle, kommunale Unterstützung unumgänglich (vgl. Abb. 4.6). Dazu müssen kooperative Versorgungsstrukturen auf unterschiedliche Weise finanziell bezuschusst werden. Durch die Bereitstellung preiswerter Wohn- und Praxisräume oder die Zusicherung von Kinderbetreuungsmöglichkeiten kann die Attraktivität ländlicher Regionen für junge Akademiker und deren Familien gesteigert werden (vgl. Oberlander et al., 2010, S. 45).

In den Interviews bestätigten die befragten Experten, wie wichtig die Kommune als Ansprechpartner sei, indem diese mit unterschiedlichsten Möglichkeiten die Niederlassung eines Arztes fördern, den Nahverkehr sichern oder gar ein Gebäude zur Verfügung stellen könne. Thomas Oppel

Abb. 4.6: Strategische Handlungsansätze im Überblick

fordert die Kommunen zur Unterstützung auf: „[Sie] müssen solche Konstrukte auch fördern, sie müssen das erkennen, dass [...] der Arzt ein wichtiger Player in diesem Konstrukt [ist].“ Der Wert eines Arztes müsse von der Kommune erkannt und geschätzt werden. Erst dann bestehe auch die Bereitschaft zur Förderung und gemeinsamen Lösungsfindung.

4.5 Bewertung der erarbeiteten Handlungsansätze

Im Nachfolgenden werden die erarbeiteten Handlungsansätze (vgl. Kap. 4.1 bis 4.3), die auf der wissenschaftlichen Literaturrecherche und den Auswertungen der Experteninterviews (vgl. Auswertungsstatistiken unter www.apollon-hochschulverlag.de/band4dcpba) basieren, anhand der Kriterien Dringlichkeit[15)], Realisierbarkeit[16)] und Finanzierbarkeit[17)] bewertet. Diese ermöglichen in Tabelle 4.2 den Vergleich der Handlungsansätze auf numerischer Basis und somit deren realistische Einschätzung. Die Ziffer 1 entspricht dabei einer niedrigen, 2 einer mittleren und 3 einer hohen Bewertung des jeweiligen Kriteriums.

15 Die Dringlichkeit beschreibt, wie zeitnah ein Handlungsansatz durchgeführt werden soll.

16 Die Realisierbarkeit bewertet die nicht monetären Rahmenbedingungen, wie notwendige Ansprechpartner, bestehende regionale Voraussetzungen, gesetzliche Bedingungen usw.

17 Die Finanzierbarkeit stellt als elementare Bedingung die monetäre Realisierbarkeit dar.

Tabelle 4.2: Matrix zur Bewertung der erarbeiteten Handlungsansätze (Bewertungsmaßstab: 1 = niedrig; 2 = mittel; 3 = hoch)

Handlungsansatz	Bewertung nach			
	Dringlichkeit	Realisierbarkeit	Finanzierbarkeit	Σ
regionale Stipendien an ausgewählte Abiturienten	3	3	3	9
Patenprogramme für Medizinstudenten	2	1	2	5
spezielle Kredite bei Niederlassung	2	3	2	7
monetäre Entlastung, z. B. durch Bereitstellung von Praxisräumen	2	3	2	7
regionale Hausarztverträge	3	2	3	8
Bildung interdisziplinärer Teams zum Aufbau einer Primärversorgung: „Skill Mix" unter der Leitung des Arztes	3	2	1	6
Hausarzt als Koordinator	3	2	2	7
effektivitäts- u. effizienzorientiertes Delegieren nicht ärztlicher Dienstleistungen	3	2	1	6
Einbettung der Primärversorgung in kommunale Dienstleistungen	3	2	1	6
professionell begleiteter Aufbau umfassender bedarfsorientierter Versorgungsangebote mit Entwicklung neuer Versorgungsstrukturen	3	1	1	5
Praxismanager	2	2	2	6
Copingstrategien für den Arzt	2	1	1	4
Fahrdienste	2	2	1	5
Beschäftigungsmöglichkeiten während der Familienphase	2	3	3	8
langfristige Planung, Unterstützung von Wiedereinstieg, Kurse	2	2	2	6
Kinderbetreuungsplätze	3	3	2	8
Nutzung und Angebote von Arbeitszeitmodellen	3	2	2	7
optimale Nutzung von gesetzlichen Möglichkeiten der ärztlichen Zusammenarbeit	2	3	3	8
Unterstützung bei altersbedingter Praxisabgabe	3	2	1	6
Unterstützung von interessierten Jungärzten (Nachfolgersicherung)	3	2	1	6
aktive Nachwuchsrekrutierung	3	3	1	7

Handlungsansatz	Bewertung nach			
	Dring-lichkeit	Realisier-barkeit	Finanzier-barkeit	Σ
wirkungsvolle Nutzung von Netzwerken	3	3	1	7
adäquate IT-Unterstützung	2	2	1	5
externe Kommunikation insbesondere mit Kommunen	3	2	2	7
kommunale Unterstützung	3	3	1	7

Je höher der jeweilige Summenwert, desto erfolgversprechender ist die Maßnahme. Insbesondere der Wert der Finanzierung ist zu beachten, weil die ungeklärte monetäre Unterstützung eines Handlungsansatzes dessen Umsetzung blockieren kann. Ein weiterer Faktor sind die aktuellen Rahmenbedingungen. Die im Januar 2012 in Kraft getretenen gesetzlichen Änderungen (vgl. Kap. 2.1.2) schaffen erleichternde Bedingungen für die hausärztliche Niederlassung. Andere Bereiche, wie die Finanzierung zuarbeitender Fachkräfte, z. B. Case Manager, bleiben dort noch ungeklärt.

Im zeitlichen Verlauf wird es zu weiteren, momentan unvorhersehbaren politischen Maßnahmen kommen. Daher darf ein Lösungsansatz nicht statisch sein, sondern muss dynamisch auf sich verändernde Rahmenbedingungen der Gesundheitspolitik reagieren können. Verstärkt wird diese Notwendigkeit durch die Dauer der Umsetzung. Obwohl perspektivisch eine Verschlechterung der ärztlichen Versorgung eintreten wird, sehen gerade Kommunen erst in der Akutsituation einen Handlungsbedarf und sind dann für Kooperationsverhandlungen offen. Ein solcher Lösungsansatz erfordert eine Gliederung der Versorgung auf der vertikalen und auf der horizontalen Ebene. Dies sichert die notwendige Flexibilität und die sehr hohe Anpassungsfähigkeit, ohne bereits bestehende Strukturen und Prozesse zu gefährden. Somit ergibt sich ein Bedarf an einem Modell, das nicht den Anspruch einer fundamentalen Neuordnung der ärztlichen Zusammenarbeit erhebt. Im Gegenteil: Erfahrungen aus Pilotprojekten und Studienergebnisse sollen entsprechend der regionalen Gegebenheiten angewendet und im weiteren Verlauf evolutionär angepasst werden.

5 Modell einer Pilotlösung

Die durchgeführten Untersuchungen zeigen, dass die Anzahl der traditionellen, hausärztlichen Einzelpraxen in Zukunft rückläufig sein wird. Denn sowohl aufgrund ökonomischer Risiken als auch der Arbeitsbelastung ist diese Form der Niederlassung für die nachfolgende Ärztegeneration nicht mehr attraktiv. Als Folge werden alternative Praxiszusammenschlüsse gegründet werden müssen. Erfolgt diese Entwicklung jedoch unkontrolliert und zufallsgesteuert, liefert sie keine Versorgungssicherheit für eine Region. Um eine ausbalancierte, hausärztliche Versorgung aufzubauen, sollte daher eine regionale Organisation die notwendige Koordination übernehmen. Dabei spricht vieles für ein Ärztenetzwerk, da es mit seinen vorhandenen Strukturen und seinem Wissen großes Potenzial bietet, um ein solches organisatorisches Modell zu etablieren. So kann die Versorgungsentwicklung beobachtet und gleichzeitig der zukünftige Bedarf bestimmt werden. Umfassende Serviceleistungen verbessern die Chance, eine bestehende Praxis an einen Nachfolger zu übergeben. Gleichzeitig ist das Ärztenetz als regionaler Vertreter der Berufsgruppe berufspolitisch tätig und kann als Initiator für neue Versorgungsstrukturen fungieren. Dies beinhaltet die Kommunikation mit Vertretern der Kommunen bzw. der Stadt und den Landkreisen. Zusätzlich ermöglichen die neuen Strukturen eine enge Kooperation zwischen den medizinischen Dienstleistern.

Das erarbeitete Modell, das die oben genannten Punkte berücksichtigt, gliedert sich in drei horizontale Ebenen (vgl. Abb. 5.1).

- Die oberste Ebene, die Netzwerkebene, bietet Leistungen für alle Dienstleister der gesamten Region an.
- Die mittlere Ebene hält Dienstleistungsmodule bereit, die je nach Bedarf von den behandelnden Ärzten eingebunden werden. Diese Dienstleister können die Praxen aufsuchen und hier ihre Leistungen anbieten und/oder die Versorgung ergänzen, indem sie den Patienten zur Leistungserbringung zu Hause besuchen.
- Der untersten Ebene, der peripheren Versorgungsebene, sind die autarken Versorgungseinheiten zugeordnet. Hier findet die eigentliche Behandlung der Patienten statt. Die peripheren Versorgungseinhei-

ten können nach den individuellen Wünschen der Ärzte aufgebaut sein. So werden über das gesamte Angebot hinweg Synergieeffekte für die Professionen und im Versorgungsprozess geschaffen.

Im Modell ergänzen sich die drei Ebenen. Die ärztliche Tätigkeit am Patienten in der untersten Ebene wird durch Leistungsangebote aus der mittleren Ebene sinnvoll unterstützt. Diese Leistungen müssen nicht von jeder einzelnen Arztpraxis und nicht permanent angeboten werden; vielmehr stehen sie komplementär zur ärztlichen Versorgung. Mit der Einbeziehung dieser mittleren Ebene kann eine Primärversorgung im Sinne der WHO (vgl. Kap. 4.3) vor Ort aufgebaut werden.

Jede horizontale Ebene besteht aus einzelnen Modulen. Diese können nach Bedarf erweitert, angepasst oder eliminiert werden, was auf jeder Ebene sukzessiv erfolgt. Durch die Module wird nicht nur ein starres Konstrukt vermieden, sondern auch eine Flexibilität geschaffen, die es ermöglicht, sich den zukünftigen Entwicklungen anzupassen. Dies beinhaltet auch die vertikale Flexibilität, sodass ein Leistungsmodul im Bedarfsfall in eine andere

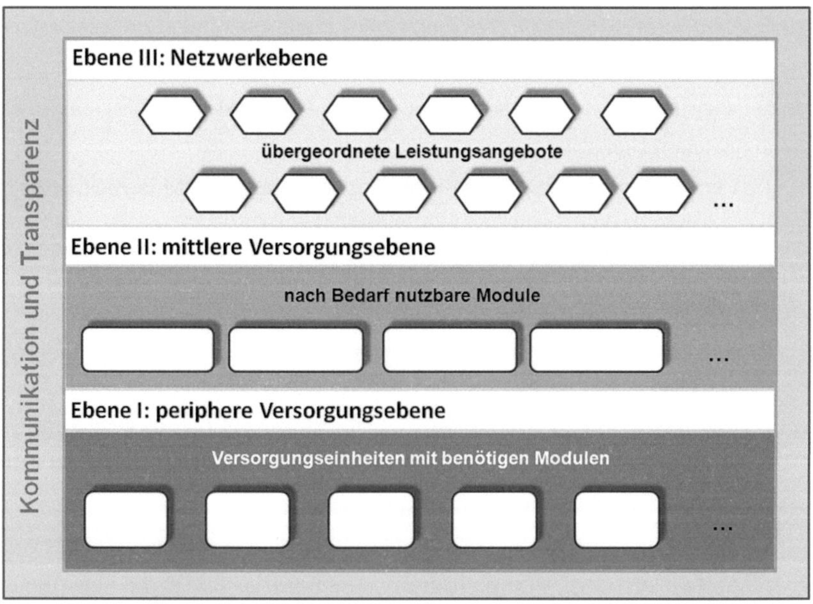

Abb. 5.1: Gesamtmodell der Pilotlösung

Ebene wechseln kann. Um die Kooperation zwischen den Ebenen und den Modulen zu ermöglichen, muss eine hohe Kommunikationsdichte und Transparenz für das gesamte Modell gewährleistet sein.

5.1 Ebene I: periphere Versorgungsebene

Für eine Versorgungseinheit dieser Ebene stehen mindestens ein Arzt sowie ein Medizinischer Fachangestellter (MFA) und ein Praxisassistent (PA) zur Verfügung (vgl. Abb. 5.2), wobei alle MFAs und PAs als Angestellte des Arztes beschäftigt sind. Neben seiner medizinischen Tätigkeit leitet der Arzt die Versorgungseinheit. Der MFA unterstützt im gewohnten Leistungsrahmen die ärztliche Tätigkeit und die Praxisabläufe. Der Praxisassistent hat neben der Erstausbildung (MFA oder Pflege) eine weitere Schulung für arztentlastende Maßnahmen erhalten und übernimmt in diesem Rahmen alle delegierbaren ärztlichen Aufgaben. Hierzu zählen allgemeine Routineleistungen wie Blutentnahmen, Monitoring von Kontrollwerten usw., aber auch Hausbesuche. Zusätzlich ist zu erwarten, dass die Nutzung und Bedienung von elektronischen Geräten und Dokumentationssoftware zunehmen wird, sodass die

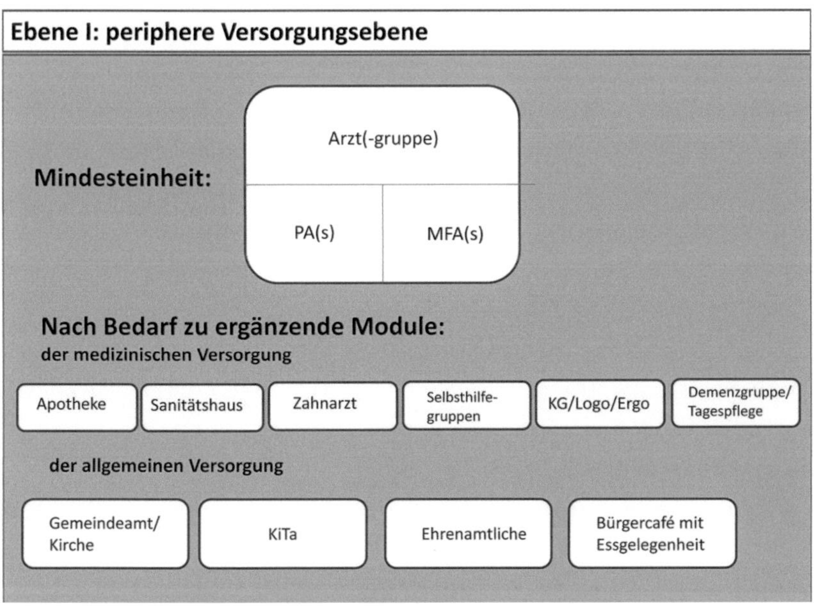

Abb. 5.2: Ebene I: periphere Versorgungsebene der Pilotlösung

Mitarbeiter künftig in stärkerem Maße diesbezüglich gefordert werden. Das liegt insbesondere an der steigenden Kommunikationsdichte zwischen allen Beteiligten, die nötig ist, um die erforderliche Transparenz zu gewährleisten.

Die ärztlichen Einheiten bleiben weiterhin autark. Die einzelne Einheit kann als Einzelpraxis oder als Zweigniederlassung an eine größere, vergleichbar aufgebaute Versorgungseinheit angegliedert sein. So kann z. B. eine große Gemeinschaftspraxis mit mehreren Ärzten eine oder mehrere Niederlassungen unterhalten. Da die Grundstruktur in allen Niederlassungen gleich ist, ist eine Vertretung im Urlaubs- oder Krankheitsfall problemlos durchführbar. Allerdings sollten aus Gründen der Stabilität für die Patienten das Team und dessen Zusammensetzung möglichst gleich bleiben. Für die Niederlassungen können die gesetzlich zur Verfügung stehenden Kooperationsformen ebenso wie die Arbeitszeitmodelle in allen Varianten genutzt werden.

In jedem Ort findet man andere Versorgungsstrukturen vor. So hat die eine Gemeinde eine Apotheke, während in der anderen ein Zahnarzt niedergelassen ist. Daher orientiert sich der Bedarf an weiteren Dienstleistern an den örtlichen Bedingungen. Die jeweiligen Module sind für die Versorgung der Bevölkerung von Bedeutung und unterstützen die ärztliche Tätigkeit. Gerade für Ältere und Menschen auf dem Land ist das lokale Angebot solcher Leistungen von großer Wichtigkeit. Jedoch müssen nicht alle Leistungen permanent angeboten werden. Es genügt z. B., wenn ein Sanitätshaus einmal wöchentlich vor Ort ist oder Krankengymnastik nur vormittags und nach Terminabsprachen erfolgt. Die neben dem praktizierenden Arzt tätigen Dienstleister müssen aktiv angesprochen und einbezogen werden. Die Kooperationen ermöglichen eine effektivere und effizientere Arbeit aller Beteiligten. Gleichzeitig kann die lokale Versorgung der Bevölkerung aufrechterhalten werden.

Nicht nur die medizinischen Leistungen, sondern auch die allgemeinen Versorgungsangebote sind von Bedeutung. So kann das Angebot von Kindertagesplätzen für den jungen Arzt ein entscheidender Faktor zur Niederlassungsentscheidung sein.

Ein weiteres wichtiges Leistungskriterium der allgemeinmedizinischen Versorgung ist ihre Kontinuität. Eine hohe Kontinuität wirkt sich positiv auf das gesundheitliche Outcome und die entstehenden Kosten, die Hospitalisierungsraten, die Inanspruchnahme von Notfallambulanzen, die Patientenzufriedenheit und die Compliance aus (vgl. SVR-Gesundheit, 2009, S. 98). In diesem Zusammenhang spielen die Nahverkehrsmittel eine zentrale Rolle. Sind diese nicht vorhanden, können insbesondere viele alte Menschen nicht zum Arzt gelangen. Ein Fahrdienst könnte dieser Entwicklung entgegenwirken.

Auch ein Mehrgenerationenhaus ist eine mögliche Plattform, um Bürgeraktivitäten zu bündeln und z. B. ehrenamtliche Dienste zu vermitteln. Ähnliches kann ein sogenanntes Bürgercafé bewirken, d. h. ein lokaler Treffpunkt, dessen Träger die Kommune und/oder ein ortsansässiger Verein ist. Insbesondere ältere Menschen können dadurch soziale Kontakte aufrechterhalten. Im Essensangebot des Bürgercafés könnten Ernährungsgewohnheiten von älteren Menschen sowie Grundlagen gesunder Ernährung beachtet werden, was wiederum positive Auswirkungen auf den Gesundheitszustand der Bevölkerung hätte.

Das Angebot von Modulen der allgemeinen Versorgung obliegt im Wesentlichen den Kommunen. Diese reagieren aber in der Regel erst, wenn akuter Handlungsbedarf ansteht, und zwar insofern, als dass die Praxis in Ermangelung eines Nachfolgers geschlossen wird. Hier könnten, ausgehend vom Ärztenetzwerk, Sensibilisierungen, Anregungen und Veränderungen bewirkt werden.

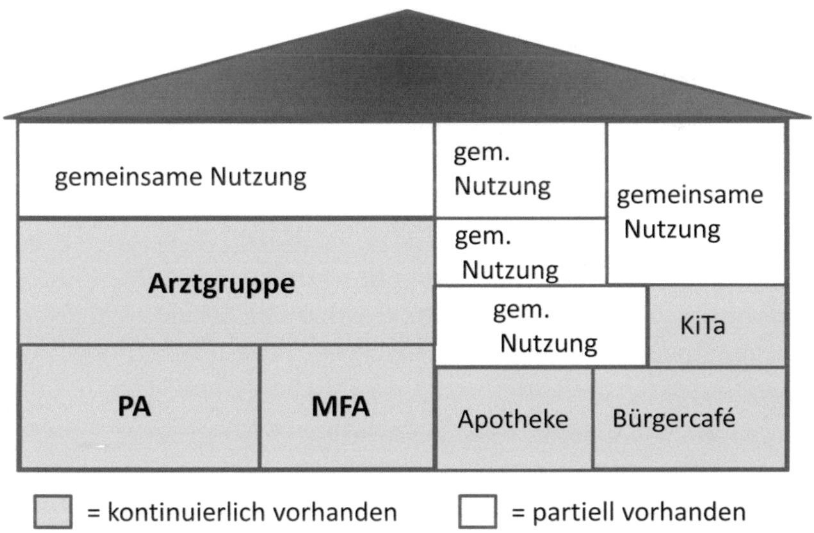

Abb. 5.3: Beispiel einer Versorgungseinheit

Ein Beispiel, wie eine ideale Versorgungseinheit zusammengesetzt sein könnte, zeigt Abbildung 5.3. In einem Gebäude befindet sich eine Arztpraxis mit mehreren Ärzten sowie MFAs und PAs. Ergänzt wird das kontinuierliche medizinische Leistungsangebot von einer Apotheke. Für aufsuchende Dienstleister, wie Krankengymnasten, stehen zusätzliche Räumlichkeiten zur freien Verfügung. Die Organisation der Raumnutzung übernimmt das Bürgercafé, das sich ebenfalls im Gebäude befindet. Hier werden auch ehrenamtliche Dienste, kommunale Anträge und Fahrdienste durch einen von der Gemeinde angestellten Sozialarbeiter koordiniert. Des Weiteren sind Räume vorhanden, die in unterschiedlicher Weise genutzt werden können. Ein Dienstleister der mittleren Ebene, z. B. die Diabetes-Beratung, kann hier regelmäßig Schulungen abhalten. Dem Haus angeschlossen ist eine Kindertagesstätte (KiTa). Hier werden Kinderbetreuungsplätze für die Ärzte und ihre Mitarbeiter angeboten.

Das genutzte Gebäude wird von der Gemeinde zur Verfügung gestellt. Im Rahmen der Zusammenlegung von Grundschulen im ländlichen Raum bieten sich ehemalige Schulgebäude dafür geradezu an. Neben den großzügigen Platzverhältnissen im Inneren liegen Schulen oftmals zentral und es sind entsprechende Parkmöglichkeiten gegeben. Die Versorgungseinheit im Beispiel ist für die ländlichen Gebiete optimal, könnte aber auch in Städten aufgebaut werden.

5.2 Ebene II: mittlere Versorgungsebene

Die Leistungen der mittleren Versorgungsebene unterstützen die medizinische Versorgung und können als fester Bestandteil oder nur nach Bedarf von der peripheren Einheit nachgefragt werden. Dabei handelt es sich um hochqualifizierte Fachkräfte, die entsprechend ausgelastet werden sollten (vgl. Abb. 5.4). In der Literatur werden solche neuen Versorgungsstrukturen positiv hervorgehoben. Dies bestätigen auch der Sachverständigenrat zur Begutachtung der Entwicklung im Gesundheitswesen sowie die befragten Experten der Region IngolStadtLandPlus (vgl. Kap. 4.3). Unbeantwortet bleibt jedoch bisher die Zuordnung der notwendigen Funktionen und Fachkräfte. Im erstellten Modell stehen mit der Verankerung der Dienste in der mittleren Ebene diese den peripheren Versorgungseinheiten partiell für den beantragten Leistungsumfang zur Verfügung. Ob diese freiberuflich arbeiten oder als Angestellte der

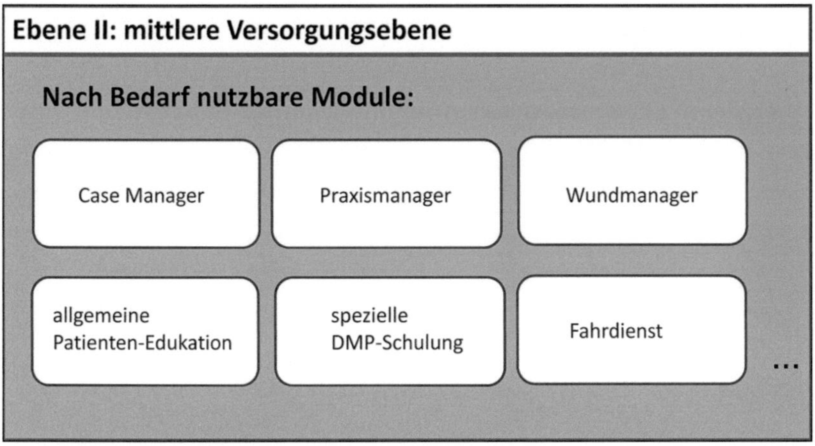

Abb. 5.4: Ebene II: mittlere Versorgungsebene der Pilotlösung

oberen oder der unteren Ebene beschäftigt werden, kann derzeit noch nicht beantwortet werden. Das Modell soll hier dazu beitragen, die Versorgung zu optimieren und gleichzeitig die Ressourcen effektiv und effizient einzusetzen.

So kann bei ausreichender Patientenklientel in einer ländlichen Versorgungseinheit (vgl. Kap. 5.1) durchaus eine wöchentliche Diabetes-Schulung stattfinden, während sie in einer Versorgungseinheit in der Stadt nicht notwendig ist, weil hier bereits Schulungen im nahegelegenen Krankenhaus durchgeführt werden. Für die wöchentliche Schulung sucht die Fachkraft dann die jeweilige Versorgungseinheit auf. Die Arbeit von Wundmanagern und Fachkräften, die Patienten-Edukation durchführen, kann ebenso organisiert sein. Der Praxismanager kann in seiner Funktion sogar mehrere Einheiten betreuen. Der Case Manager sollte für den Bedarfsfall zur Verfügung stehen. Nach der Kontaktierung durch die Ärzte unterstützt er den Versorgungsprozess von der telefonischen Beratung bis zur komplexen Fallbearbeitung.

Die Nachfrage seitens der Ärzte und somit die Versorgungssituation vor Ort entscheidet, welche und in welcher Anzahl Module bereitgestellt werden müssen. Vorerst könnte z. B. ein Case Manager für die gesamte Region IngolStadtLandPlus ausreichend sein, wohingegen für DMP-Schulungen vier Fachkräfte benötigt würden. Zeigt sich im Laufe der Jahre, z. B. infolge der Alterung der Gesellschaft, dass mehr individuelle Versorgungsprozesse aufgebaut werden müssen, könnten weitere Case Manager erforderlich werden.

Tabelle 5.1: Funktionen der Module der mittleren Versorgungsebene und Einschätzung der Umsetzbarkeit

Modul	Funktion	Einschätzung der Umsetzbarkeit
Case Manager	• Patientenberatung und Koordinierung von Leistungen • Aufbau häuslicher Versorgungsstrukturen • CM bei hoher Komplexität mit multidisziplinärer Versorgung	• wichtiges, die Versorgungsoptimierung ergänzendes Leistungsprofil • Bedarf wird gesehen, aber in der ambulanten, ärztlichen Versorgung noch nicht angenommen • Finanzierung ungeklärt • niedriger Umsetzungsgrad
Praxismanager	• Übernahme organisatorische Arbeiten • Optimierung von Handlungsabläufen • Abstimmung gesetzlicher Forderungen, z. B. Hygiene	• bietet direktes Entlastungspotenzial für den Arzt • Betreuung mehrerer Praxen macht die Funktion finanziell interessant und schafft Standards • höhere Bereitschaft der Ärzte zur Delegation und zur Finanzierung • hoher Umsetzungsgrad zu erwarten
Wundmanager	• Übernahme ärztlicher Tätigkeiten	• entlastend, wenn Praxis aufgesucht wird • erleichtert die Koordination • Finanzierung über Kassen gesichert • teilweise über Pflegestationen abgedeckt • mittlerer Umsetzungsgrad
allgemeine Patienten-Edukation	• Beratung von Patienten und Angehörigen bei chronischen Erkrankungen • Schulung von Patienten und Angehörigen, insbesondere im Pflegefall	• entlastet durch die Durchführung umfassender Informationen und die Übernahme kommunikationsintensiver Bereiche • unterstützt Patientensouveränität • Finanzierung nur teilweise • daher eher niedriger Umsetzungsgrad
spezielle DMP-Schulung	• Unterschiedliche Disease-Management-Programm-Kurse (DMP-Kurse) werden in der Versorgungseinheit durchgeführt	• gesteigerter Leistungsumfang der Praxen ohne personellen Aufwand • Kostenerstattung im Umfang der DMP über die Kassen geregelt • hoher Umsetzungsgrad
Fahrdienst	• Transfer von Patienten zur Hausarztpraxis	• hohe Entlastung, da Hausbesuche auf ein Minimum reduziert werden können • Finanzierung über mehrere Praxen bei Patientenbeteiligung möglich • mittlerer bis hoher Umsetzungsgrad, da Bedarf bereits von den Ärzten angemerkt wird

In Tabelle 5.1 werden die einzelnen Module der mittleren Versorgungsebene kurz mit ihrer Funktion dargestellt und es wird bewertet, in welchem Maß eine Umsetzung zu erwarten ist. Die jeweilige Erwartbarkeit der Umsetzung (Umsetzungsgrad) ergibt sich aus den Rahmenbedingungen, den voraussichtlichen Effekten und der Finanzierung der Leistungen.

Zur optimalen Nutzung sind die Leistungen der mittleren Versorgungsebene außerdem zu koordinieren. Dies erfolgt sinnvollerweise in der übergeordneten Netzwerkebene.

5.3 Ebene III: Netzwerkebene

Um dem ganzheitlichen Ansatz des Modells gerecht zu werden, ist eine übergeordnete Ebene, die die Koordination und die organisatorischen Aufgaben übernimmt, von Bedeutung (vgl. Abb. 5.5). Bestehende Ärztenetzwerke bieten mit ihren Strukturen ideale Voraussetzungen, um diese Funktion auf der dritten Ebene zu übernehmen. Für die umfangreichen Aufgaben, die einem Ärztenetzwerk im Modell zugeteilt werden, müssen ebenfalls bestimmte Leistungen bereitgestellt werden.

In der Regel bieten bestehende Ärztenetze bereits heute Leistungen aus dem im Modell vorgeschlagenen Leistungsangebot an wie regionale Fortbildungen, Leitlinien und Standards und führen Vertragsverhandlungen (vgl. GO IN, o. J.). Dies könnte in gewohnter Weise weiter angeboten werden. Andere bestehende Leistungen, wie interne und externe Kommunikation sowie allgemeine Koordination, müssten für das Modell im Umfang angepasst werden.

Zur Entlastung der Ebenen I und II erfolgt die Koordination der Dienstleister der mittleren Ebene auf der Netzwerkebene. Datenverarbeitung und Monitoring schaffen dafür die notwendige Controlling-Basis. Die Leistungsangebote „Praxisübergabe", „Nachwuchs" und „Gender" stehen in enger Verbindung zueinander, da über diese Bereiche der Bedarf und das Angebot an Hausärzten beeinflusst werden kann. So erhält z. B. ein ausscheidender Arzt mit dem Leistungsangebot „Praxisübergabe" eine Plattform, um seine Praxis darzustellen, und Unterstützung bei der Übergabe. Das Leistungsangebot „Nachwuchs" versteht sich als umfassender Rekrutierungsservice. Hierzu gehören die Werbung von Noch-Studenten von Universitäten sowie die Vermittlung von Vertretungsstellung und möglichen Praxisnachfolgern.

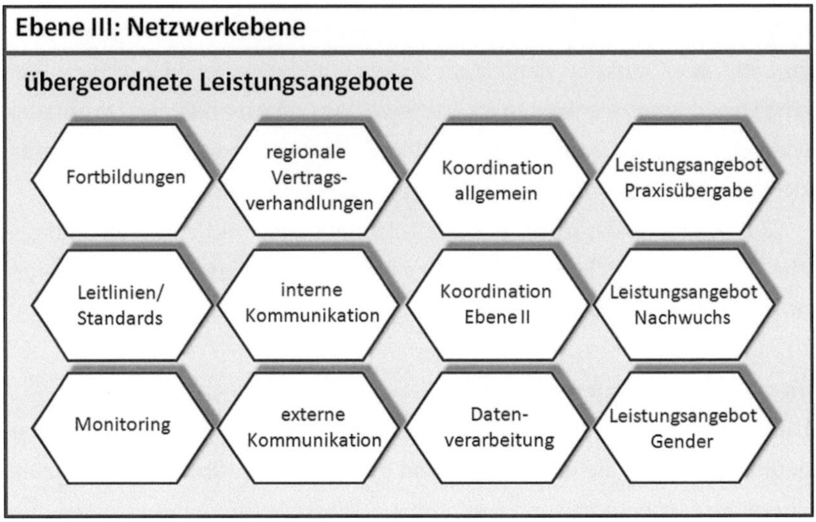

Abb. 5.5: Ebene III: Netzwerkebene der Pilotlösung

Der Bereich „Gender" bietet im Besonderen einen Service für die Belange von Ärztinnen, sodass hier familiäre Phasen, Kinderbetreuung und Wiedereinstieg die zentralen Themen sind.

Die unterschiedlichen Dienstleistungen bündeln auf Netzwerkebene der jeweiligen Region umfassendes Wissen zur hausärztlichen Versorgung und ihrer Entwicklung, wodurch sich auf dieser Ebene eine sehr große Beratungskompetenz ergibt. Auch für die Kommunen generiert sich daraus ein Dienstleistungsangebot. Dieses umfasst Informationen über die Entwicklung der hausärztlichen Versorgung, wie den zukünftigen Bedarf, die Nachfrager-Situation, die wesentlichen, beeinflussenden Faktoren und präventiv notwendige Maßnahmen. Mit diesem Wissen steht im umfassenderen Sinne allen Stakeholdern (vgl. Kap. 5.4) eine gemeinsame Plattform zur Verfügung, um die regionalen Versorgungsstrukturen den sich entwickelnden Ansprüchen von Ärzten, Dienstleistern und Nachfragern sowie den äußeren Rahmenbedingungen anzupassen. Ist die Kommune sensibilisiert und als Akteur gewonnen, können gemeinsam Marketingkonzepte erstellt werden. Das Ärztenetz dient in diesem Zusammenhang als zentrales Kommunikationsmedium. Es übernimmt die Vernetzung attraktiver Gemeinden mit interessierten

Nachfolgern. Denn junge Ärzte können erst dann als Interessenten für eine Gemeinde gewonnen werden, wenn die gewünschten Standortfaktoren gegeben sind und nach außen kommuniziert werden. Erst das Wissen im Ärztenetz ermöglicht das zielgerichtete, präventive Einwirken, um die erfolgversprechenden, praktischen Voraussetzungen für eine flächendeckende Versorgung zu schaffen. Nur so kann langfristig für eine Region eine breit gefächerte Versorgung aufgebaut werden, die den hausärztlichen Bedarf für die Zukunft sichert.

Die Zusammenarbeit von Ärztenetzwerk und Kommune könnte in der Region IngolStadtLandPlus wie folgt aussehen: Eine Gemeinde weiß, dass der ansässige Hausarzt in fünf Jahren aus Altersgründen ausscheiden wird. Aufgrund der ländlichen Lage sind die Aussichten, dass sich ein junger Arzt niederlässt, schlecht. Im kommunikativen Austausch mit dem Ärztenetz GO IN werden Unterstützungsmöglichkeiten vonseiten der Gemeinde ausgearbeitet. Die Nachwuchsrekrutierung wird über das Ärztenetzwerk koordiniert. Durch den präventiven Ansatz ist ausreichend Zeit für die Lösungssuche gegeben. Bei der Koordinierung in der Zentrale des Netzwerks zeigt sich, dass mittelfristig eine größere Praxis in der nahegelegenen Kreisstadt an einer Zweigniederlassung interessiert ist. Der Leistungsbereich Gender plant mittelfristig den Wiedereinstieg zweier Ärztinnen. Das Netzwerk vermittelt zwischen den Interessentinnen und der Gemeinde. Im Weiteren werden die entsprechenden organisatorischen und rechtlichen Schritte durch Leistungen der Netzwerkzentrale unterstützt. Berufspolitisch ist eine Kooperation zwischen Kommunen und regionalen Hausarztverbänden zu diesem Thema äußerst sinnvoll, denn einige der Hausärzte sind sowohl Mitglieder des Ärztenetzes als auch Funktionäre in den Hausarztverbänden. Letztendlich sollen über die regionalen Verbände hinaus auch die landesweiten, haus- und kassenärztlichen Verbände berufspolitisch beeinflusst und für eine Kooperation gewonnen werden. Sollte das Modell oder Teile davon als Pilotprojekt für die Region implementiert werden, könnten bei einer wissenschaftlichen Begleitung des Projekts auch Fördergelder für die Umsetzung beantragt werden.

5.4 Stakeholder

Von den veränderten Versorgungsstrukturen, die durch das Modell geschaffen werden, profitieren unterschiedliche Gruppen. Die nachfolgende Tabelle 5.2 fasst stichwortartig die wichtigsten Stakeholder und welchen Nutzen sie aus den neuen Strukturen ziehen können zusammen.

Tabelle 5.2: Stakeholder der neuen Versorgungsstruktur und deren Nutzen

Stakeholder	Nutzen
Ärztenetzwerk	• Informationsumfang und Kompetenzerweiterung • Geschäftsfelderweiterung • Steigerung regionaler Wichtigkeit/Macht • Positionierung als Kompetenzpartner auf politischer Ebene • Attraktivitätssteigerung für bestehende und neue Mitglieder • mögliche Fördergelder bei Anerkennung als Pilotprojekt mit wissenschaftlicher Begleitung
Hausärzte	• Abgabe koordinierender und organisatorischer Arbeiten • Unterstützung durch qualitatives Fachpersonal • Kostenoptimierung und effizienter Ressourceneinsatz • Schnittstellenoptimierung • Transparenz und Kommunikation • regionale Ansprechpartner und Leistungen zu verschiedensten Themen • regionale Interessenvertretung • Sicherung der hausärztlichen Versorgungsdichte
Fachkräfte und medizinische Versorgungsdienste	• Einsatz entsprechend der Qualifikation • effizienter Ressourceneinsatz durch nachfragegesteuerte Leistungsbereitstellung • Verbesserung der multidisziplinären Zusammenarbeit • klare Ansprechpartner • enge Kooperation mit nachfragesteuernden Dienstleistern, insbesondere dem Arzt
nicht medizinische Dienstleister	• Leistungsnachfrage • Einbindung in Versorgungsprozess
Patienten und Angehörige	• ärztliche Versorgung wird weiterhin lokal angeboten • umfangreiches, sich ergänzendes Leistungsangebot der Primärversorgung vor Ort • Fahraufwand wird minimiert (vor allem für ältere Menschen von Bedeutung) • Versorgungssituation kann individuell angepasst werden (Case Manager)
Kommunen und Region	• durch Wissen steuern und präventiv handeln • hausärztliche Versorgung der Bevölkerung langfristig gesichert • Unterstützung der gesundheitswirksamen Funktionen im Sinne der Public Health • Attraktivitätssteigerung der Region • Erhöhung der Zufriedenheit der eigenen Bevölkerung

6 Diskussion und Ergebnisse

Nachfolgend soll die wissenschaftliche Ausgangsfrage „Wie können notwendige Strategien zur Sicherstellung der hausärztlichen Versorgung einer Region in einem innovativen Pilotprojekt umgesetzt werden?“ auf Basis der zuvor geleisteten Analyse, der abgeleiteten Handlungsansätze und der Modellentwicklung diskutiert werden.

6.1 Zusammenfassende Reflektion

Auf den ersten Blick stellt sich die Situation der ärztlichen Versorgung in Deutschland durchaus positiv dar. Im internationalen Vergleich der ärztlichen Versorgungsdichte lag Deutschland im Jahr 2009 mit 3,64 Ärzten auf 1.000 Einwohner an vierter Stelle (vgl. OECD, 2011). Die Arztdichte hat sich seit 1960 fast verdreifacht, wobei im letzten Jahrzehnt eine Stagnation zu verzeichnen ist (vgl. Abb. 2.1). Das in den Bedarfsrichtlinien angestrebte Verhältnis von Hausärzten zu Fachärzten (60 : 40) wird nicht erreicht, sondern zeigt einen genau entgegengesetzten Trend. Es stellt sich somit die Frage, inwieweit diese Forderung des Gemeinsamen Bundesausschusses noch den derzeitigen ärztlichen Leistungsstrukturen entspricht. Die befragten Experten äußerten im Interview, dass Aufgaben, die der Hausarzt noch vor Jahren selbst durchgeführt habe, heutzutage der Facharzt übernehme bzw. die jeweiligen Patienten an den Facharzt überwiesen würden.

Dass das Studium der Medizin nichts von seiner Attraktivität eingebüßt hat, bestätigen die hohen Bewerberzahlen gegenüber der gleichbleibenden Anzahl freier Studienplätze. Die Studienabbruchquote ist im Vergleich zu anderen Studiengängen gering. Die Anzahl der Mediziner, die in den nicht kurativen Bereich wechselt und ihre berufliche Tätigkeit im Ausland aufnimmt, ist in den letzten Jahren relativ konstant geblieben. Durch ein Mehrangebot an Studienplätzen könnten jedoch langfristig mehr Mediziner dem Gesundheitsmarkt zur Verfügung stehen.

Die hausärztliche Versorgung lag in den meisten Gebieten in Deutschland im Jahr 2010 noch über 100 %. Generell ist ein West-Ost-, Süd-Nord- und ein Stadt-Land-Ungleichgewicht zu verzeichnen. Neben Bundesländern mit tendenzieller Unterversorgung, z. B. Sachsen-Anhalt (93 %), sind andere Gebiete definitiv überversorgt, z. B. Bayern (112 %) (vgl. Klose; Rehbein, 2011, S. 12). Hier liegt ein Allokationsproblem bzgl. der Niederlassungssteuerung vor, das langfristig gesehen eine Lösung erfordert.

Ein Großteil der praktizierenden Hausärzte ist bereits in einem fortgeschrittenen Alter, sodass diese Ärzte in den kommenden zwei Jahrzehnten ihre praktische Tätigkeit aufgeben werden. Entsprechend viele Nachfolger müssen für den Beruf „Hausarzt" gewonnen werden. Dies ist ein wesentlicher Punkt in der Gesamtproblematik, denn eine Niederlassung in der konservativen Form der Einzelpraxis ist für viele Jungmediziner und Studenten nicht mehr attraktiv. Die Arbeitszeiten und der Zeitaufwand, die wirtschaftliche Belastung, die Bürokratie und die beschriebenen Rahmenbedingungen lassen sich mit dem Lebenslauf des Einzelnen und der familiären Planung mitunter schlecht vereinbaren. Dies trifft für Frauen in verstärktem Maße zu. Dabei waren bereits 2010 knapp zwei Drittel der angehenden Mediziner weiblich (Frauenanteil beim Examen 61,0 %) (vgl. Kopetsch, 2010, S. 101). Daher wird der Anstieg der weiblichen Mediziner zu einem generellen Mehrbedarf an Ärzten führen. Die Nutzung möglicher Erziehungszeiten und die Vereinbarkeit von Familie und Beruf sind heute für beide Elternteile wichtig und erhöhen zusätzlich den Bedarf an Ärzten. Verstärkt wird dieser durch den generellen Trend der Arbeitszeitverkürzung bei Medizinern.

Als wesentlicher beeinflussender Faktor ist weiterhin die demografische Entwicklung zu nennen. Die höchste Anzahl älterer Menschen (über 60 Jahre) wurde mit 28,6 Millionen für das Jahr 2031 und die folgenden drei Jahre vorausberechnet (vgl. Statistisches Bundesamt Deutschland, 2009c). Der daraus abzuleitende hausärztliche Bedarf variiert je nach Aussagen der Wissenschaftler: Einige beziehen sich auf Multimorbiditätsprognosen und sehen hier einen direkten Zusammenhang mit dem ärztlichen Versorgungsbedarf der älteren Bevölkerung. Eine andere Gruppe lehnt diese Morbiditäts-Expansionsthese ab und behauptet, dass sich die Multimorbidität und der Bedarf lediglich ins hohe Alter und in die letzten Lebensjahre verschieben. Zu bedenken ist in jedem Fall, dass nur präventive Leistungen und ärztliche Versorgung gemeinsam eine langfristige Aufrechterhaltung der Gesundheit der Bevölkerung ermöglichen, was für eine generelle Erhöhung des ärztlichen Bedarfs spricht. Der medizinische Fortschritt, insbesondere Behandlungsmöglichkeiten, die keine kausale Heilung, sondern eine Verlängerung der Krankheitsphase bewirken (bei chronischen Erkrankungen), bringen einen höheren Versorgungsaufwand dieser Patientengruppen mit sich. Der durch die genannten Faktoren bewirkte Mehrbedarf an medizinischer Versorgung könnte durch den Aufbau einer umfassenden Primärversorgung, wie sie vom Sachverständigenrat zur Begutachtung der Entwicklung im Gesundheitswesen und der WHO gefordert wird, gedeckt werden.

Zusammenfassend zeigt der zweite Blick, dass zukünftig nicht genügend Nachwuchsärzte als Hausärzte rekrutiert werden können. Dies gilt generell und insbesondere für die ländlichen Gebiete. Diese Entwicklung berücksichtigt das im Januar 2012 in Kraft tretende GKV-Versorgungsstrukturgesetz. Es schafft damit die gesetzlichen Grundlagen, um auf die sich ändernden realen Gegebenheiten reagieren zu können.

Auch für die ausgewählte Region IngolStadtLandPlus treffen die oben beschriebenen Faktoren zu. Derzeit liegt der Versorgungsgrad bei 103,85 %. Von den 290 Hausärzten, die dort 2010 praktizieren, werden 199 ihre Berufstätigkeit bis 2030 aus Altersgründen aufgeben. Daher ergeben sich für die Region zwei bedeutende Ziele:

- Die hausärztliche Versorgung langfristig auf 100 % halten.
- Die ländliche Versorgung sichern.

Um den gewünschten Versorgungsgrad zu halten, müssen bis 2020 jährlich 9,3 Mediziner und von 2020 bis 2030 jährlich 10,9 Ärzte neu als Hausärzte gewonnen werden. Dieser Rekrutierungsbedarf berücksichtigt lediglich die frei werdenden Hausarztsitze, nicht aber den Mehrbedarf durch die zuvor erwähnten Faktoren. Jährlich etwa zehn Ärzte als Hausärzte zu gewinnen und die ländlichen Gemeinden zu versorgen, ist eine immense Aufgabe für eine Region. Diese kann nur durch gemeinsame Anstrengungen von Ärzten, Organisationen und Kommunen bewältigt werden. Eine interessengesteuerte Splitterung ist nicht zielführend und würde kontraproduktive Auswirkungen haben. Die Zielerreichung wird durch die ausgearbeiteten, strategischen Handlungsansätze ermöglicht. Diese setzen am Berufsbild Hausarzt, der Netzwerktätigkeit, der Versorgungsstruktur und der Kommune an und beziehen sich auf die berufspolitische, regionale sowie lokale/kommunale Handlungsebenen, wo die Aktivitäten einer Region wirken können. Die Bewertung der Handlungsansätze (vgl. Tab. 4.2) zeigt, dass trotz hoher Dringlichkeit und teilweiser Realisierbarkeit die Finanzierbarkeit einen nicht zu unterschätzenden kritischen Faktor bildet. Auch wenn es – wie dargestellt – Finanzierungsmöglichkeiten aus Fördermitteln und kommunalen Budgets gibt, bleibt dies die zentrale Herausforderung.

6.2 Ergebnisdarstellung

Die Untersuchungen zeigen, dass die fragmentierte gesundheitliche Versorgung den erhöhten medizinischen Versorgungsbedarf der Zukunft nicht mehr decken wird. Daher ist es sinnvoll, die kommunale Primärversorgung in ein umfangreiches Angebot externer Leistungen einzubetten. Eine solche Versorgung kann nur sukzessive aufgebaut werden. Die Veränderungen müssen sich in die alten Strukturen einfügen, um mittelfristig zu einer Entlastung und langfristig zur gewünschten Primärversorgung zu führen. Diese besteht u. a. aus einem medizinischen Bereich, in dem multiprofessionelle Teams ihre Leistungen aufeinander abstimmen und so eine effektive und effiziente Versorgung garantieren. Wenn möglich sollten delegierbare ärztliche Leistungen an hochqualifiziertes Fachpersonal abgegeben werden. Dem Arzt obliegt die Leitung des Teams. Unterstützende Dienstleister können ein tragfähiges Versorgungsnetz aufbauen, sodass Arztkonsultationen auf das notwendige Minimum reduziert werden. Die Struktur wird dem im § 73 Abs. 1 SGB V beschriebenen Umfang der hausärztlichen Versorgung gerecht, das auch die Koordination der Versorgung und die Integration nicht ärztlicher und flankierender Dienste in die Behandlungsmaßnahmen beinhaltet (vgl. BMJ, 2011). Pflegeberufe bringen künftig, ebenso wie andere medizinische Berufe, durch universitäre Ausbildungswege zunehmend höhere Qualifikationen mit sich. Diesen Fachkräften kann und muss im Versorgungsprozess mehr Verantwortung übertragen werden. Angebote im nicht medizinischen Bereich bewirken Synergieeffekte für die gesamte gesundheitliche Versorgung und sollten daher insbesondere in Anbetracht der Versorgungssicherung älterer Menschen integriert werden. Dieser Punkt gewinnt unter Beachtung der demografischen Entwicklung verstärkt an Bedeutung. Der Aufbau ganzheitlicher Versorgungsangebote ist ein mehrjähriger Prozess, der von internen Faktoren, z. B. den Ärzten, aber auch von externen, z. B. der Gesetzgebung, beeinflusst wird. Somit ergibt sich die Forderung nach einer hohen vertikalen und horizontalen Flexibilität.

Das entwickelte Modell erfüllt diese Anforderung. Die Grundstruktur besteht aus drei Ebenen: der peripheren Ebene, der mittleren Versorgungsebene und der Netzwerkebene. Auf der peripheren Ebene wird die Selbstständigkeit der Ärzte bewahrt, wobei auch unterschiedlichste Arbeitsmodelle möglich sind und so den Anforderungen der nachfolgenden Ärztegeneration entsprochen werden kann. Die mittlere Ebene bietet unterstützende Dienstleistungen von qualifizierten Fachkräften, z. B. Case Managern. Die übergeordneten koordinierenden Leistungsangebote erfolgen sinnvollerweise auf Netzwerkebene. Jede dieser drei Ebenen besteht aus Modulen. Art und Anzahl der Module bestimmen sich aus dem Bedarf und verändern sich mit der Entwicklung der Versorgungsstruktur. Daher erhebt das Modell an dieser Stelle keinen Anspruch auf Vollständigkeit. Im Gegenteil: Die Offenheit in der Modulgestaltung ermöglicht erst die notwendige horizontale Flexibilität. Eine weitere Dimension wird durch den Wechsel von Modulen zwischen den Ebenen ermöglicht. Diese vertikale Flexibilität erhöht nochmals die Anpassungsfähigkeit des Modells. Insofern ist die Veränderung der Module für die Weiterentwicklung nicht nur zulässig, sondern sogar gewollt. Die Flexibilität beider Dimensionen ermöglicht es, auf Basis der bestehenden Strukturen zu starten und das Modell dann sukzessive aufzubauen.

Für die Umsetzung ist die Zusammenarbeit aller notwendigen Stakeholder, im Wesentlichen Hausärzte, Ärztenetzwerk und Kommunen, unumgänglich. Ein Ärztenetzwerk ist prädestiniert, um die Entwicklung des Modells anzustoßen und aktiv voranzutreiben. Es fungiert zum einen als Interessengemeinschaft der in der Region niedergelassenen Ärzte und konzentriert als Organisation zum anderen regionales Wissen zur hausärztlichen Versorgung. Daher bietet sich das Ärztenetzwerk als wichtigster „Spieler“ und Koordinator für die Versorgungsicherung an.

6.3 Maßnahmenplan

Die derzeitig noch gute hausärztliche Versorgung der untersuchten Region IngolStadtLandPlus ist langfristig nicht gesichert. Ein passives Abwarten wird unweigerlich zu einer Verschlechterung der Versorgung führen, wobei die Stadt Ingolstadt und die Kreisstädte weniger betroffen sein werden als die umliegenden ländlichen Gemeinden. Ansprechpartner und Akteure sind die genannten Stakeholder. Um präventiv und zielgerichtet Lösungen für die Region aufzubauen, müssen die folgenden Schritte aktiv und zeitnah eingeleitet werden:

- Nach der Einigung zur Vorgehensweise im Ärztenetzwerk muss von dieser Organisation Personal für das Projekt „hausärztliche Versorgungssicherung“ bereitgestellt werden. Primär muss das Ärztenetzwerk detaillierte Informationen über die Region und ihre Hausärzte einholen.
- Eine Projektgruppe unter Mitwirkung von Ärzten sollte gegründet werden. Diese muss einen langfristigen Projektplan für die Region und die Realisierung des Modells aufstellen.
- Die Finanzierung ist über mögliche Quellen zu sichern, hierzu sollten durch eine wissenschaftliche Begleitforschung zum Projekt Fördergelder beantragt werden.
- Mithilfe der wissenschaftlichen Begleitforschung sollte die Allgemeingültigkeit des Modells überprüft und angestrebt werden, sodass es auch andere Regionen adaptieren können.
- Die Kommunikation zur Thematik mit den niedergelassenen Ärzten muss auf- und ausgebaut werden. Nur durch eigene aktive Beteiligung können die Hausärzte die Veränderung der Strukturen nach ihren Bedürfnissen mitgestalten.
- Die Nachwuchsrekrutierung ist sofort und umfassend zu aktivieren.
- Bis sich im Bereich „Unterstützung mittels medizinischer und nicht medizinischer Dienstleister“ eine Stabilität aufgebaut hat, müssen auch unkonventionelle Lösungen gefunden werden.
- Sobald im Ärztenetzwerk die notwendigen Daten vorliegen, erfolgt der Austausch mit der Kommune. Ziel muss es sein, durch Information die notwendige Unterstützung vonseiten der Kommunen zu gewinnen. So könnten die Stadt Ingolstadt und die Landkreise z. B. Gelder bewilligen, mit denen das Projekt „hausärztliche Versorgungssicherung“ unterstützt wird.

- Das Ärztenetzwerk aktiviert und organisiert die Kooperation zwischen einem zeitnah ausscheidenden Arzt und der betroffenen Gemeinde. Gemeinsam werden Lösungen im Sinne des Modells erarbeitet. Durch jede neu realisierte Versorgungseinheit verändert sich sukzessive die Versorgungsstruktur im Sinne des Modells.

Oftmals verhindern die Interessen von Einzelnen oder Gruppen die Umsetzung kollektiver Lösungen, wodurch in diesem Fall das vorgestellte Modell zum Scheitern verurteilt wäre. Um dies zu verhindern, sollten sich die Akteure ihrer Verantwortung bewusst werden. Durch die Realisierung des Modells könnte die Region IngolStadtLandPlus einem Mediziner multiple Formen der Niederlassung anbieten und gleichzeitig differenzierte Unterstützungsmöglichkeiten bereithalten. Und auch andere Regionen könnten so durch Aktivität ihre Attraktivität erhöhen, ganz nach dem Motto von Thomas Oppel als Geschäftsführer des Praxisnetzwerks GO IN: „[N]ur wer mehr macht, der hat mehr Macht."

7 Schlusswort

Die medizinische Versorgung der Bevölkerung ist durch einen Mangel an Hausärzten gefährdet. Die Arbeit basierte daher auf der wissenschaftlichen Fragestellung, welche Strategien für die Sicherstellung der hausärztlichen Versorgung am Beispiel der Region IngolStadtLandPlus notwendig sind und wie ein Modell für ein innovatives Pilotprojekt zur Umsetzung erstellt werden kann.

Das Ergebnis zeigt: Auch wenn sich die eigentliche Anzahl der Medizinstudenten über die Jahre nicht verändert hat, wird sich der Bedarf an Ärzten durch mehrere beeinflussende Faktoren in Zukunft erhöhen. Hinzu kommt, dass die Niederlassung als einzelner Hausarzt für die Mehrzahl der jungen Medizinern nicht mehr erstrebenswert ist. Da der Hausarzt jedoch eine Schlüsselfunktion in der gesundheitlichen Versorgung einnimmt, ist dieser Berufszweig von wesentlicher Bedeutung für die Gesundheit der Bevölkerung. Konsequenterweise muss die Tätigkeit des Hausarztes berufs- und gesundheitspolitisch eine Aufwertung erfahren. Aber auch im Tätigkeitsumfang müssen Veränderungen erfolgen. Mediziner eignen sich im Laufe ihres Studiums und ihrer Weiterqualifikation ein umfangreiches fachliches Wissen an, das gezielt eingesetzt werden sollte. Aus wirtschaftlicher Sicht ist es daher unverständlich, einen langjährig und teuer ausgebildeten Arzt Tätigkeiten durchführen zu lassen, die prinzipiell delegierbar sind. Es ist daher sinnvoll, Freiräume für die eigentlich ärztlichen Tätigkeiten zu schaffen, z. B. durch die Nutzung moderner Kommunikationsmittel, vor allem aber durch die Übergabe von Leistungen an entsprechend aus- und weitergebildetes Personal, was auch eine Übertragung von Verantwortung und Entscheidungskompetenzen beinhalten würde. Diese Art der Zusammenarbeit müsste bereits ins Studium der Mediziner integriert werden und mit einer Loslösung der Ärzte vom Lobbyismus bei gleichzeitiger Öffnung für die Zusammenarbeit mit anderen nicht ärztlichen Gesundheitsprofessionen einhergehen. Durch die Akademisierung dieser Berufsgruppen steht für die Gesundheitsversorgung Personal zur Verfügung, dessen Ausbildung auf hohem Niveau erfolgt. Die nicht medizinischen Dienstleister sind in der Lage, Entscheidungsverantwortung zu übernehmen, und sollten dies auch tun. Eine solche Verteilung der Entscheidungsverantwortung auf mehrere Professionen könnte durch die entstehenden multiprofessionellen Teams von großem Nutzen auch für die Patienten sein.

Hierzu müssten jedoch die gesetzlichen Rahmenbedingungen geschaffen werden, wofür die anglo-amerikanischen Gesundheitssysteme eine Orientierung bieten können. Infolge des demografischen Wandels ist weiterhin zu bedenken, dass die ältere Bevölkerung nicht unbedingt mehr ärztliche Versorgung benötigt, sondern zunehmende Unterstützungs- und Betreuungsleistungen. Sofern die derzeitigen Strukturen bestehen bleiben, wird sich die Tragweite der verschlechterten hausärztlichen Versorgung zuerst auf dem Land und hier speziell bei den Alten und/oder Multimorbiden zeigen, die zumeist über keine Lobby verfügen. Hier steht die Politik der Kommunen in der Verantwortung, die notwendigen Versorgungsstrukturen zum Gemeinwohl aufzubauen.

Das wichtigste Fazit dieser Arbeit ist daher ein Appell an alle Verantwortlichen und insbesondere an die Kommunen, bereits heute präventiv auf den bevorstehenden Hausärztemangel zu reagieren, aktiv langfristige Lösungen für die Zukunft zu entwickeln und dabei bestehende Strukturen sinnvoll zu nutzen.

Es bleibt zu hoffen, dass die Politik auf diese Entwicklung reagiert, solange ihr mit vergleichsweise geringem Aufwand entgegengewirkt werden kann und die Symptome noch nicht zu schwerwiegend sind.

Anhang I

Abkürzungsverzeichnis

AGnES	Arztentlastende, gemeindenahe, E-health-gestützte, systemische Intervention
AiP	Arzt im Praktikum
AOK	Allgemeine Ortskrankenkasse
BayKiBiG	Bayerisches Kinderbildungs- und -betreuungsgesetz
BHÄV	Bayerischer Hausärzteverband
BMFSFJ	Bundesministerium für Familie, Senioren, Frauen und Jugend
BMJ	Bundesministerium der Justiz
CM	Case Management
COPD	Chronische obstruktive Lungenerkrankung
dgcc	Deutsche Gesellschaft für Care und Case Management
DMP	Disease-Management-Programm
EBM	Einheitlicher Bewertungsmaßstab
EI	Experteninterview
GKV	gesetzliche Krankenversicherung
GKV-SolG	Gesetz zur Stärkung der Solidarität in der gesetzlichen Krankenversicherung
GKV-VSTG	Gesetz zur Verbesserung von Versorgungsstrukturen in der gesetzlichen Krankenversicherung
GO IN	GO IN Integrationsmanagement- und Beteiligungs-GmbH im Gesundheitswesen
GOÄ	Gebührenordnung für Ärzte
HIS	Hochschul-Informations-System
ISLP	IngolStadtLandPlus
IW Consult	Institut der deutschen Wirtschaft Köln Consult GmbH
KBV	Kassenärztliche Bundesvereinigung
KG	Krankengymnastik
KiTa	Kindertagesstätte

KVB	Kassenärztliche Vereinigung Bayerns
MFA	Medizinischer Fachangestellter
MP	multidisziplinäres Team
NP	nicht ärztliche Profession
OECD	Organisation für wirtschaftliche Zusammenarbeit und Entwicklung
OPAC	Online Public Access Catalogue
PA	Praxisassistent
SGB V	Sozialgesetzbuch fünftes Buch
SVR-Gesundheit	Sachverständigenrat zur Begutachtung der Entwicklung im Gesundheitswesen
ÜBAG	Überörtliche Berufsausübungsgemeinschaft
VERAH	Versorgungsassistentin für die Hausarztpraxis
WHO	World Health Organization
ZVS	Zentralstelle für die Vergabe von Studienplätzen

Literaturverzeichnis

Ackermann-Liebrich, U. (2003): *Welche Frauen hat die Medizin?* In: Vetter, K.; Buddeberg, C. (Hrsg.): Feminisierung in der Medizin – Chance oder Risiko? Hamburg: akademos Wissenschaftsverlag, S. 14–25.

aerzteblatt.de (2011): *Politik. Bundestag verabschiedet Versorgungsstrukturgesetz.* Artikel vom 01.12.2011. http://www.aerzteblatt.de/nachrichten/48245/Bundestag-verabschiedet-Versorgungs-shy-strukturgesetz (12.09.2012).

Andersen, H.; Schwarze, J. (2003): *Bedarfsprofile in der gesetzlichen Krankenversicherung. Zur Analyse gruppenspezifischer Unterschiede bei der Inanspruchnahme des Gesundheitsversorgungssystems.* Berlin: Berliner Zentrum Public Health, Geschäftsstelle. http://bsph.charite.de/fileadmin/user_upload/microsites/m_cc01/bsph/Blaue_Reihe/2003-05_ger.pdf (12.09.2012).

AOK-Bundesverband (o. J.): *Lexikon. Überversorgung.* http://www.aok-bv.de/lexikon/b/index_00228.html (12.09.2012).

Arbeitsgemeinschaft der Obersten Landesgesundheitsbehörden (2008): *Die Primärversorgung in Deutschland im Jahr 2020.* Bericht der Arbeitsgemeinschaft der Obersten Landesgesundheitsbehörden zur Sicherstellung der hausärztlichen Versorgung in Deutschland. http://www.gmkonline.de/_beschluesse/Protokoll_81-GMK_Top0501_Anlage_AOLG-Bericht.pdf (12.09.2011).

Baum, J. (2011): *Postleitzahl.org. Deutschland.* http://www.postleitzahl.org/bayern/ingolstadt/ (12.09.2012).

Bausch, M. (2010): *Arzt – und weg? Ärztliche Berufsperspektiven im Ausland.* St. Augustin: Asgard-Verlag.

Bayerischer Hausärzteverband (2011): *Delegierte bestätigen Kurs des Vorstandes. Mit einem Maßnahmenpaket sollen Hausarztverträge durchgesetzt werden.* http://www.bhaev.de/images/stories/Pressemitteilungen/2011-07-09_Pressemitteilung_BHT_2011_FINAL.pdf (12.09.2012).

Bayerisches Landesamt für Statistik und Datenverarbeitung (2011): *Regionalisierte Bevölkerungsvorausberechnung für Bayern bis 2030. Demografisches Profil für den Regierungsbezirk Oberbayern (543).* https://www.statistik.bayern.de/statistik/byrbz/091.pdf (12.09.2012).

Bayerisches Staatsministerium für Sozialordnung, Familie und Frauen (o. J.): *Kinderbildung und -betreuung – Bedarfsplanung.* http://www.stmas.bayern.de/kinderbetreuung/bedarf/index.php (12.09.2012).

Bayerisches Staatsministerium für Umwelt und Gesundheit (2012): *Gesundheitsregionen in Bayern.* http://www.stmug.bayern.de/gesundheit/wirtschaft/gesundheitsregionen/index.htm (12.09.2012).

Beecken, G.; Preissner, A. (2010): *Neue Geografie. Standorte – Nichts ist beim Immobilienkauf so wichtig wie die richtige Lage.* In: Manager Magazin (1), S. 124–129. http://wissen.manager-magazin.de/wissen/image/show.html?did=68281173&aref=image040/2009/12/17/COMM201000101240129.PDF (12.09.2012).

Beske, F.; Katalinic, A.; Peters, E.; Pritzkuleit, R. (2009): *Das Gesundheitssystem auf eine älter werdende Bevölkerung einstellen. Neue Daten zeigen dringenden Handlungsbedarf auf.* http://www.igsf.de/114_PM_lang.pdf (12.09.2012).

BMFSFJ (Bundesministerium für Familie, Senioren, Frauen und Jugend) (2008): *Gesetz zur Förderung von Kindern unter drei Jahren in Tageseinrichtungen und Kindertagespflege. Kinderförderungsgesetz – KiföG.* http://www. bmfsfj.de/RedaktionBMFSFJ/Abteilung5/Pdf-Anlagen/kifoeggesetz, property=pdf, bereich=bmfsfj,sprache=de,rwb=true.pdf (12.09.2012).

BMJ (Bundesministerium der Justiz) (2008): *Gesetz zur Stärkung der Solidarität in der gesetzlichen Krankenversicherung. GKV-SolG.* http://www.gesetze-im-internet.de/bundesrecht/gkv-solg/gesamt.pdf (12.09.2012).

BMJ (Bundesministerium der Justiz) (2011): *Sozialgesetzbuch Fünftes Buch. SGB V.* http://www.gesetze-im-internet.de/bundesrecht/sgb_5/gesamt.pdf (12.09.2012).

Brzoska, P.; Diercks, M.; Dröge, A.; Franz, S.; Gerken, H.; Gräfe, B.; Horstkötter, N.; Kleina, T.; Klötzer, A.; Panhorst, H.; Neumann, N.; Redeker, M.; Sannemann, W.; Schäfer, M. (2008): *Community Health Assessment für Bielefeld-Schildersche.* Bielefeld: Institut für Pflegewissenschaft an der Universität Bielefeld.

Buddeberg-Fischer, B. (2003): *Welche Frauen braucht die Medizin? Karriereentwicklung von Frauen und Männern in der Medizin.* In: Vetter, K.; Buddeberg, C. (Hrsg.): Feminisierung in der Medizin – Chance oder Risiko? Hamburg: akademos Wissenschaftsverlag, S. 26–41.

Bühren, A. (2009): *Ärztinnen: Mehr als nur Lückenbüßerinnen.* In: Deutsches Ärzteblatt, 106 (42). http://www.aerzteblatt.de/v4/archiv/artikel.asp?src=suche&p=%C4rztinnen%3A+Mehr+als+nur+L%FCckenb%FC%DFerinnen&id=66383 (12.09.2012).

Bundesagentur für Arbeit (2011): *Arbeitsmarkt 2010. Arbeitsmarktanalyse für Deutschland, West- und Ostdeutschland.* Amtliche Nachrichten der Bundesagentur für Arbeit, 58, Sondernummer 2. http://statistik.arbeitsagentur.de/Statischer-Content/Arbeitsmarktberichte/Jahresbericht-Arbeitsmarkt-Deutschland/Generische-Publikationen/Arbeitsmarkt-2010.pdf (12.09.2012).

Bundesärztekammer (o. J.): *Ärztemangel trotz steigender Arztzahlen – ein Widerspruch, der keiner ist. Analyse.* http://www.bundesaerztekammer.de/downloads/analyse-Kopetsch.pdf (12.09.2012).

Deutsche Gesellschaft für Nephrologie (2011): *Das Nierenportal. Daten und Fakten zur Niere und zu Nierenersatzverfahren.* http://www.dgfn.eu/presse/downloadbereich/daten-und-fakten-zur-nephrologie.html?L=0 (12.09.2012).

Deutscher Bundestag (2011): *Gesetzesentwurf der Bundesregierung. Entwurf eines Gesetzes zur Verbesserung der Versorgungsstrukturen in der gesetzlichen Krankenversicherung. GKV-VSTG.* http://dipbt.bundestag.de/dip21/btd/17/069/1706906.pdf (12.09.2012).

Döhner, H. (1998): *Care- und Case-Management durch das Modell PAGT in Hamburg.* In: Schmidt-Ohlemann, M. (Hrsg.): Ambulante wohnortnahe Rehabilitation – Konzepte für Gegenwart und Zukunft. Ulm: Univ.-Verlag, S. 195–202.

Döhner, H.; Bleich, C.; Kofahl, C.; Lauterberg, J. (2002): *Case Management für ältere Hausarztpatientinnen und -patienten und ihre Angehörigen: Projekt Ambulantes Gerontologisches Team – PAGT.* Stuttgart: Kohlhammer.

Engels, E. (2004): *Die Sinnhaftigkeit des Hausarztmodells im europäischen Vergleich. 9. Münsterische Sozialrechtstagung Hausärztliche Versorgungssysteme in Europa – Modelle für eine zukunftsorientierte Patientenversorgung?* Münsteraner Reihe, (94), Karlsruhe: Versicherungswirtschaft GmbH, S. 17–29.

Ewers, M. (2005): *Case Management in Theorie und Praxis.* 2. Auflage. Bern: Huber.

Gabler Verlag (o J.). *Gabler Wirtschaftslexikon, Stichwort: Braindrain.* http://wirtschaftslexikon.gabler.de/Archiv/123598/braindrain-v6.html (12.09.2012).

Gemeinsamer Bundesausschuss (2011): *Richtlinie des Gemeinsamen Bundesausschusses über die Bedarfsplanung sowie die Maßstäbe zur Feststellung von Überversorgung und Unterversorgung in der vertragsärztlichen Versorgung: Bedarfsplanungs-Richtlinie.* http://www.g-ba.de/downloads/62-492-551/BPL-RL_2011-05-19.pdf (07.11.2011).

GenderKompetenzZentrum (2011): *Gender. Was ist „Gender"?* http://www.genderkompetenz.info/genderkompetenz/gender (10.01.2012).

Gensch, K.; Waltenberger, M. (2006): *Entwicklung der ärztlichen Versorgung in Bayern unter Berücksichtigung des steigenden Anteils an Ärztinnen.* München: Bayerisches Staatsinstitut für Hochschulforschung und Hochschulplanung.

Gesundheitsberichterstattung des Bundes (2011): *An der vertragsärztlichen Versorgung teilnehmende Ärztinnen und Ärzte (Anzahl).* install/servlet/oowa/aw92/dboowasys921.xwdevkit/xwd_init?gbe.isgbetol/xs_start_neu/&p_aid=i&p_aid=78275505&nummer=305&p_sprache=D&p_indsp=-&p_aid=32841884 (04.11.2011).

Gläser, J.; Laudel, G. (2010): *Experteninterviews und qualitative Inhaltsanalyse. Als Instrumente rekonstruierender Untersuchungen.* 4. Auflage. Wiesbaden: Verlag für Sozialwissenschaften.

GO IN (Integrationsmanagement- und Beteiligungs-GmbH im Gesundheitswesen) (o. J.): *Homepage.* http://www.goin.info/ (12.09.2012).

Haag, T.; Spann, M. (2011): *Ärztenetze als regionaler Innovationspool.* In: Der Netzarzt, (1), Ingolstadt: Praxisnetz GO IN, S. 2–3.

Hauffe, U. (2003): *Veränderungen von Arbeitskonzepten und Arbeitsplatzbedingungen.* In: Vetter, K.; Buddeberg, C. (Hrsg.): Feminisierung in der Medizin – Chance oder Risiko? Hamburg: akademos Wissenschaftsverlag, S. 78–85.

Heublein, U.; Schmelzer, R.; Sommer, D. (2008): *Die Entwicklung der Studienabbruchquote an den deutschen Hochschulen. Ergebnisse einer Berechnung des Studienabbruchs auf der Basis des Absolventenjahrgangs 2006.* http://www.his.de/abt2/ab21/archiv/stuf009;download:20080505_his_projektbericht-studienabbruch.pdf (22.11.2011).

IW Consult (Institut der deutschen Wirtschaft Köln) (2010): *Siebtes Städteranking. Die 100 größten kreisfreien Städte im Test.* http://www.insmstaedteranking.de/downloads/endbericht_staedteranking_2010.pdf (10.10.2011).

KBV (Kassenärztliche Bundesvereinigung) (2011): *Beruf und Familie verbinden: Wie sieht das in der Praxis aus?* http://praxis-und-familie.kbv.de/wp-content/uploads/2011/03/KBV-Brosch_WEB.pdf (12.09.2012).

KBV (Kassenärztliche Bundesvereinigung) (o. J.): *Glossar Gesundheitspolitik. Hausarzt.* https://www.kbv.de/gesundheitslexikon.asp?range=h (12.09.2012).

Klose, J.; Uhlemann, T. (2006): *Fehlallokationen in der vertragsärztlichen Versorgung. Abbau und Vermeidung von Über- und Unterversorgung.* http://www.wido.de/fileadmin/wido/downloads/pdf_ggw/wido_ggw_aufs1_0706.pdf (12.09.2012).

Klose, J.; Rehbein, I. (2011): *Ärzteatlas 2011. Daten zur Versorgungsdichte von Vertragsärzten.* http://www.wido.de/fileadmin/wido/downloads/pdf_ambulaten_versorg/wido_amb_pub-aerzteatlas2011_0511.pdf (12.09.2012).

Kopetsch, T. (2001): *Zur Rationierung medizinischer Leistungen im Rahmen der gesetzlichen Krankenversicherung.* Europäische Schriften zu Staat und Wirtschaft, (5). Baden-Baden: Nomos.

Kopetsch, T. (2010): *Dem deutschen Gesundheitswesen gehen die Ärzte aus! Studie zur Altersstruktur- und Arztzahlenentwicklung.* 5. aktualisierte und überarb. Auflage. Berlin: Bundesärztekammer und Kassenärztliche Bundesvereinigung. http://www.bundesaerztekammer.de/downloads/Arztzahlstudie_03092010.pdf (12.09.2012).

Kreuz, I. (2011): *2020 geht es um die Motivation einer ganzen Generation nachwachsender Ärztinnen und Ärzte.* http://www.aerztinnenbund.de/2020-geht-es-um-die-Motivation-einer-ganzen.1610.0.2.html (12.09.2012).

KVB (Kassenärztliche Vereinigung Bayerns) (2010): *Versorgungsatlas Hausärzte 2010.* http://www.kvb.de/fileadmin/kvb/dokumente/Partner/Versorgung/KVB-Versorgungsatlas-Hausaerzte2010.pdf (12.09.2012).

KVB (Kassenärztliche Vereinigung Bayerns) (2011): *Praxis und Familie.* http://www.kvb.de/praxis/praxisfuehrung/praxis-und-familie/ (12.09.2012).

Mennemann, H.; Kanth, E.; Monzer, M.; Podeswik, A. (2009): *Rahmenempfehlungen zum Handlungskonzept Case-Management.* Heidelberg: Economica.

Müller von der Grün, C. P. (2011): *Neue Berufe für die alternde Gesellschaft.* In: Die GesundheitsWirtschaft, 5, (1), Berlin: Bibliomed-Verlag, S. 6–9.

Oberlander, W.; Eggert, K.; Faßmann, H.; Merz, B.; Moumdjiev, M.; Drebinger, A.; Peter, E.; Moczall, A.; Wasilewski, R. (2010): *Sicherung der ärztlichen Versorgung in Deutschland. Ergebnisse einer bundesweiten Befragung von Ärztinnen und Ärzten im Auftrag der Ludwig-Sievers-Stiftung.* Köln: Dt. Ärzte-Verlag.

OECD (2011): *Health Stat.Extracts. Health Care Resources.* Physicians. http://stats.oecd.org/Index.aspx?DatasetCode=HEALTH_STAT (12.09.2012).

Pfannes, P. (2010): *Ausbildungsportal Vorstellung,* Vortrag als pdf. Initiative Regionalmanagement Region Ingolstadt e. V.

Planungsverband Region Ingolstadt (2006): *Regionalplan Ingolstadt.* http://www.region-ingolstadt.bayern.de/regplan/Karten/PDF-Karten/Karte_AIV11_Zentrale%20Orte%20und%20Nahbereiche_Begr%C3%BCndung.pdf (12.09.2012).

Planungsverband Region Ingolstadt (2011). *Kurzbeschreibung der Region.* http://www.region-ingolstadt.bayern.de/region/reg10.htm (12.09.2012).

Redaèlli, M.; Stock, S.; Simic, D.; Wilm, S. (2009): *Internationales Literaturreview zur „Effektivität und Effizienz von nicht ärztlichen Berufen in ambulanten Versorgungskonzepten".* Expertise im Auftrag der Bundesärztekammer. http://www.bundesaerztekammer.de/downloads/Nicht-aerztliche-Berufe.pdf (12.09.2012).

Richard, S. (1993): *Qualitätssicherung und technologischer Wandel im Gesundheitswesen. Eine institutionenökonomische Analyse.* Baden-Baden: Nomos Verlagsgesellschaft.

Scheidt-Nave, C. (2008): *Anforderungen an ein bundesweites Monitoring der gesundheitlichen Versorgung und Möglichkeiten der Netzwerkbildung in Deutschland.* Köln: Dt. Ärzte-Verlag.

Spiewak, M. (2010): *Notruf nach dem Landarzt. Ärztemangel.* In: Die ZEIT (11). http://www.zeit.de/2010/11/M-Aerztemangel (12.09.2012).

Stadt Ingolstadt (2011a): *Statistisches Jahrbuch. Arbeitsmarkt (Erwerbstätige, Beschäftigte, Pendler, Arbeitslose).* http://www2.ingolstadt.de/media/custom/465_1980_1.PDF?1291627856 (12.09.2012).

Stadt Ingolstadt (2011b): *Statistisches Jahrbuch. Bevölkerung (Altersstruktur, Staatsangehörigkeiten, Geburten, Zuwanderungen).* http://www2.ingolstadt.de/media/custom/465_1978_1.PDF?1316760887 (12.09.2012).

Statistisches Bundesamt Deutschland (o. J.): *Bevölkerung nach Altersgruppe, Familienstand, Religionszugehörigkeit.* https://www.destatis.de/DE/ZahlenFakten/GesellschaftStaat/Bevoelkerung/Bevoelkerungsstand/Tabellen/AltersgruppenFamilienstand.html (12.09.2012).

Statistisches Bundesamt Deutschland (2009a): *Bildung und Kultur; Studierende an Hochschulen-Vorbericht. Wintersemester 2008/2009.* http://www.destatis.de/jetspeed/portal/cms/Sites/destatis/Internet/DE/Content/Publikationen/Fachveroeffentlichungen/BildungForschungKultur/Hochschulen/StudierendeHochschulenVorb2110410098004,property=file.pdf (26.11.2011).

Statistisches Bundesamt Deutschland (2009b): *Hochschulstandort Deutschland 2009. Ergebnisse aus der Hochschulstatistik.* http://www.destatis.de/jetspeed/portal/cms/Sites/destatis/Internet/DE/Content/Publikationen/Fachveroeffentlichungen/BildungForschungKultur/Hochschulen/Hochschulstandort5213101099004,property=file.pdf (19.11.2011).

Statistisches Bundesamt Deutschland (2009c): *12. koordinierte Bevölkerungsvorausberechnung.* http://www.destatis.de/bevoelkerungspyramide/ (12.09.2012).

Statistisches Bundesamt Deutschland (2011): *Bildung und Kultur; Studierende an Hochschulen – Vorbericht. Wintersemester 2010/2011.* http://www.destatis.de/jetspeed/portal/cms/Sites/destatis/Internet/DE/Content/Publikationen/Fachveroeffentlichungen/BildungForschungKultur/Hochschulen/StudierendeHochschulenVorb2110410118004,property=file.pdf (26.11.2011).

SVR-Gesundheit (Sachverständigenrat zur Begutachtung der Entwicklung im Gesundheitswesen) (2009): *Koordination und Integration – Gesundheitsversorgung in einer Gesellschaft des längeren Lebens.* Gutachten 2009 des Sachverständigenrates zur Begutachtung der Entwicklung im Gesundheitswesen. Bundestags-Drucksache 16/13770. http://dip21.bundestag.de/dip21/btd/16/137/1613770.pdf (12.09.2012).

Weisbrod, B. A. (1991): *The Health Care Quadrilemma: An Essay on Technological Change, Insurance, Quality of Care, and Cost Containment.* In: The Journal of Economic Literature, (29), Stanford: The American Economic Association, S. 523–552.

WHO (World Health Organization) (2008): *The World Health Report 2008 – Primary Health Care – Now More Than Ever. Primary care. Putting people first.* http://www.who.int/whr/2008/08_chap3_en.pdf (12.09.2012).

ZVS (Zentralstelle für die Vergabe von Studienplätzen) (2011): *Angebot und Nachfrage zum Studiengang Medizin.* http://www.hochschulstart.de/fileadmin/downloads/NC/stat/medizin-platz-ss-ws-00-10.pdf (12.09.2012).

Abbildungsverzeichnis

Tabellenverzeichnis

Register

Anhang II

Regionalplan Ingolstadt

Karte zu A IV 1.1
Zentrale Orte und Nahbereiche, Siedlungsschwerpunkt

- Oberzentrum
- Mittelzentrum
- Mögliches Mittelzentrum
- Unterzentrum
- Doppelort
- Kleinzentrum
- Bevorzugt zu entwickelnder zentraler Ort
- Grenze der Nahbereiche (schematisch)
- Siedlungsschwerpunkt
- Grenze der Region

Maßstab 1: 500 000

Kartengrundlage: Ausschnitt aus der Karte "Verwaltungsgliederung"; Maßstab: 1 : 500 000; Stand: 01.01.2005; herausgegeben von der Regierung von Oberbayern

Nachdruck und Vervielfältigung (auch auszugsweise) nur mit Genehmigung des Herausgebers.

Bearbeiter: Der Regionsbeauftragte für die Region Ingolstadt

Kartographie: Regierung von Oberbayern, Sachgebiet 24.1 Stand: 05. Mai 2006

Herausgeber: Planungsverband Region Ingolstadt

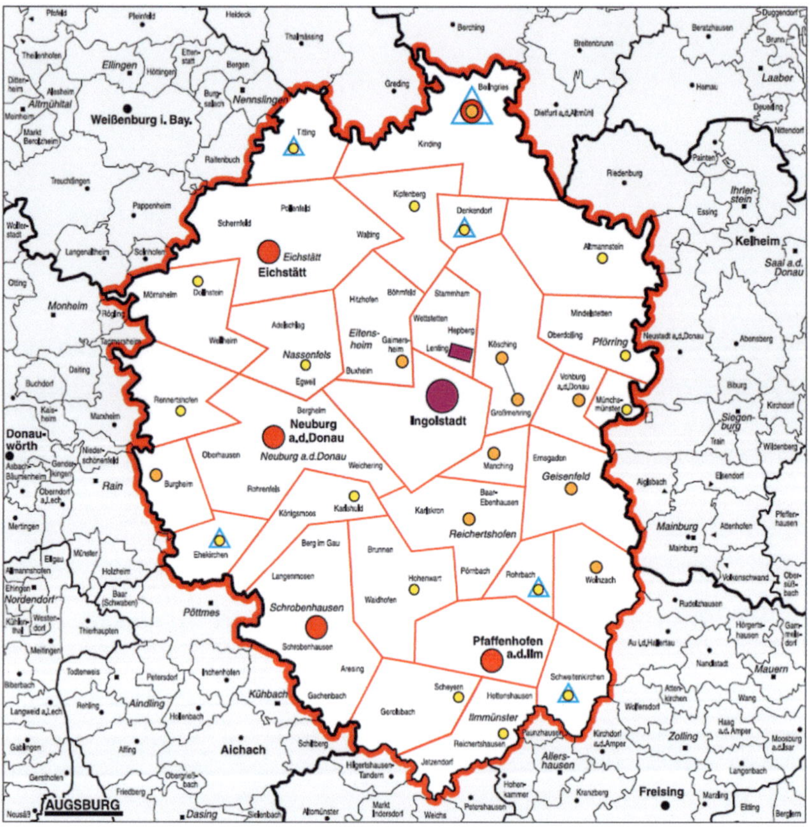

Abb. A-1: Regionalplan Ingolstadt (Planungsverband Region Ingolstadt, 2006)

Interviewleitfaden

1. Was zeichnet Ihrer Meinung nach den Hausarzt aus und unterscheidet seine Tätigkeit von der, anderer niedergelassener Ärzte?
2. Wie stellt sich die hausärztliche Versorgung in der Region IngolStadt-LandPlus derzeit dar?
3. Ist die Übernahme der Praxen von älteren ausscheidenden Hausärzten durch Nachfolger gesichert?
4. Wie begründen Sie diese Entwicklung?
5. Wie hat sich für Sie persönlich die Tätigkeit als Hausarzt nach 30 bzw. 35 Jahren Praxistätigkeit verändert?
6. Wie kann die Attraktivität des Hausarztes gesteigert werden? Bitte geben Sie kurze Informationen zu den folgenden Schlagwörtern:
   a) monetärer Art
   b) Ethik
   c) Nutzung von Netzwerken/Kooperationen
      - Zusammenarbeit
      - Transparenz
      - Kommunikation
   d) Stellung im Versorgungsgefüge (Gatekeeper, Hausarztverträge, ...)
   e) Entlastungsmöglichkeiten
   f) während der Ausbildung (Studium, Allgemeinmediziner)
   g) innovative Konzepte für angehende Ärzte, z. B. Wiedereinstiegsmöglichkeiten (Frauen)
   h) Welchen Anreiz für Ihre jungen Kollegen sehen Sie, sich als Hausarzt niederzulassen?
   i) In welcher Form könnten Sie sich eine Unterstützung der Nachfolger durch ausscheidende Ärzte vorstellen?
7. Wie stellt sich der Alltag dar? Welche anfallenden Tätigkeiten könnten neben den Arbeiten, die nur vom Arzt durchgeführt werden, von anderen Professionen übernommen werden, sodass sie eine Entlastung und/oder synergetische Effekte in der Behandlung darstellen?
8. Ist diese Entlastung sinnvoll? Wann wird diese von den Ärzten gewollt/angenommen?

9. Wäre die Einbettung der hausärztlichen Leistung/des Hausarztes in ein umfassendes, räumlich und funktionell angegliedertes Leistungsangebot eine Verbesserung für die Versorgungsstruktur? (Räumlich angegliedert meint die Unterbringung in einem Gebäudekomplex bzw. direkte Nachbarschaft.)

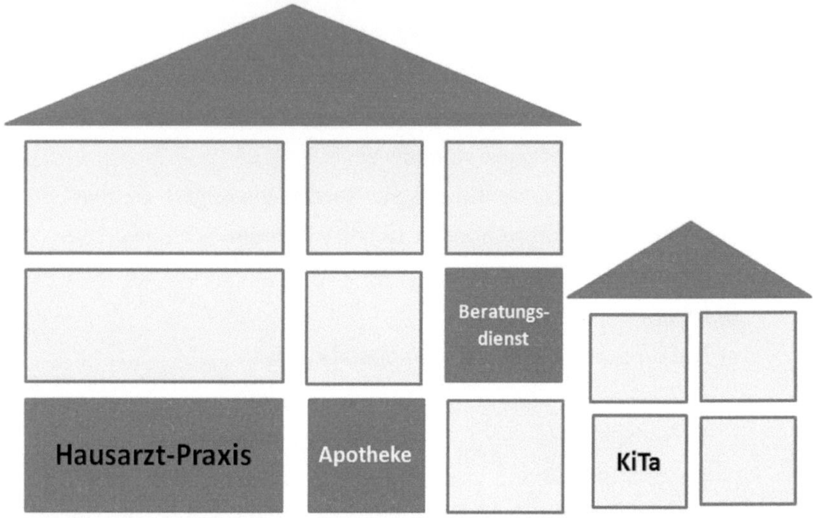

Abb. A-2: Unterstützende Darstellung zum umfassenden, räumlich und funktionell angegliederten Leistungsangebot zur Verbesserung der Versorgungsstruktur

Bitte geben Sie eine Wertung zur Effektivitäts- und Effizienzsteigerung durch die der Versorgung angegliederten Dienstleister im Sinne des Schulnotensystems:

1 = sehr sinnvoll (sehr hohe Effektivitäts- und Effizienzsteigerung)
2 = sinnvoll (hohe Wirkung)
3 = vielleicht sinnvoll (Wirkung möglich)
4 = wenig sinnvoll (Wirkung nicht erwartet)
5 = nicht sinnvoll (Wirkung nicht erzielt)
6 = auf keinen Fall (negativer Effekt)

Tabelle A-1: Bewertung möglicher unterstützender Dienstleister

Dienstleister	**1**	**2**	**3**	**4**	**5**	**6**
Apotheke						
Ergo-, Logo-, Physiotherapeuten						
Zahnarzt						
Praxismanager						
Case Manager/Sozialarbeiter						
Selbsthilfegruppen						
Patienten-Evaluation						
Angehörigen-Anlaufstelle						
unterschiedliche Beratungsdienste						
Kindertagesstätte						
Gruppentreffen und Ehrenamtliche (Mehrgenerationenhaus)						
Gemeindeamt/Kirche						
Fahrdienste						
Bürgercafé mit Essgelegenheit						
Demenzgruppe/Tagespflege						
eigener Vorschlag:						

- Welche Beiträge kann eine Kommune leisten, um als attraktiver Standort für eine Praxisniederlassung bzw. für einen hausärztlichen Nachfolger zu gelten?
- Welche Beiträge kann die Kassenärztliche Vereinigung Bayern leisten, um eine Praxisniederlassung bzw. die Übernahme einer Hausarztpraxis wieder für die Nachfolger interessant zu machen?
- Möchten Sie Ihrerseits noch eine Anmerkung zur Thematik hinzufügen?